Radsport: kurios

Radsport
: kurios

Vom Radprofi, der nach dem Gipfelsieg erst einmal ein Vanilleeis verzehrte – und von anderen Helden der Landstraße

von

Manfred Poser

bombus

Der Autor:
Manfred Poser, Jahrgang 1957, kaufte sich sein erstes Rennrad in einem Alter, in dem die Profis allmählich ans Aufhören denken. Nun, nach 120 000 zurückgelegten Fahrradkilometern, wurde es Zeit, dass er sich um die Geschichte der schönsten und härtesten Sportart der Welt – trotz allem, wie er meint – kümmerte.

Bibliografische Information der Deutschen Bibliothek
Die Deutsche Bibliothek verzeichnet diese Publikation in der Deutschen Nationalbibliografie; detaillierte bibliografische Daten sind im Internet über http://dnb.ddb.de abrufbar

Korrektorat: Walter Henke, tippteufel.de
Cover-Gestaltung: b3k, Hamburg
Satz und Layout: Hain-Team, Weimar
Druck und Bindung: Ebner & Spiegel, Ulm

ISBN-10: 3-936261-56-3
ISBN-13: 978-3-936261-56-1

www.bombus-verlag.de

Der Inhalt in 22 Etappen

I. Die Frühgeschichte

Das Rad wurde in grauer Vorzeit erfunden. Was für eine Schande, dass es bis zu unserem Fahrrad dann noch 5000 Jahre gedauert hat! Als erstes Kuriosum muss festgehalten werden, dass das Fahrrad mit seinen Pedalen erst um 1860 ins Rollen kam – und damit eine Generation nach der Eisenbahn, die zum ersten Mal unter Dampf am 27. September 1825 zwischen Stockton und Darlington in England verkehrte. Die Dampflokomotive, 1804 von Richard Trevithick in England für den Bergbau erfunden, ist zweifelsohne das kompliziertere Instrument! Das Fahrrad, wie wir es heute kennen – mit zwei gleich großen Rädern und dem allbekannten Rahmen –, ging um 1885 ins Rennen, fast zeitgleich mit dem ersten Automobil (1886).

Laufgeräte-Rennen 1829 in München

Bereits 1790 verband der französische Graf Mede de Sivrac zwei Räder mit einem Holzbalken, dem er am liebsten die Form eines Pferdes gab. Das Ganze war unlenkbar, man musste sich mit den Schuhen vorwärts schieben, und er nannte es „Celerifere“ (etwa „Schnellträger“). Friedrich Christian Ludwig Drais von Sauerbronn zeigte seine – nun lenkbare – Laufmaschine oder „Draisine“ 1818 im Jardin du Luxembourg in Paris vor. Es war das erste Veloziped („schneller Fuß“). Damit wurden gleich Rennen gefahren. 1829 wurden solche Wettfahrten – sie waren geheim, verboten, gefährlich – auch in München ausgetragen. Am 20. April dieses Jahres nahmen sechsundzwanzig dieser Laufgeräte samt Fahrer teil.

1837 pries Thomas Stevens Davies in einem Vortrag vor der „Royal Military Academy“ in Woolwich die Segnungen des Velozipeds, beklagte aber „die Schwierigkeit, die Maschine bei voller Geschwindigkeit zu kontrollieren und anzuhalten“. Das habe zu vielen Unfällen auch mit Krankenhausaufenthalten geführt. Dazu merkt Fahrradexperte Hans-Erhard Lessing an: „Drais hatte seine innovative Schleifbremse vor den Raubkopierern in der Zeichnung versteckt – deshalb hatten die englischen Nachbauten keine Bremse!“ Die schlechten Straßen taten ein Übriges.

Das Umfeld wurde aber fahrradfreundlicher. In Deutschland wurde 1838 der Hamburger Jungfernstieg als erste Straße asphaltiert. 1851 kam ein 78 Meter langes Stück der Fernstraße von Travers (Neuchâtel) nach Paris dran, und 20 Jahre später war Paris fast vollständig asphaltiert. Wenig später waren es auch andere europäische Großstädte und einige große Straßen. Dann konnte es langsam losgehen. Denn von schnell war noch nicht die Rede.

Kurbel und Pedale

Der Schmied Pierre Michaux (1813–1883) aus Bar-le-Duc schuf 1855 ein Dreirad, das schon Kurbel und Pedale hatte. Sein Sohn Ernest (1842–1882) brachte die Pedale 10 Jahre später am vergrößerten Vorderrad an – und man kam vorwärts, ohne sich die Schuhsohlen zu ruinieren. Vier Jahre später produzierten sie schon 400 dieser „Michaulinen", die zunächst 50 Kilogramm wogen. Das Vorderrad sorgte für den Antrieb, und darum wurde es immer größer, um pro Pedalumdrehung den Fahrer möglichst weit tragen zu können. Bei den ersten Radrennen hatte das Vorderrad einen Durchmesser von 75, das Hinterrad einen solchen von 50 Zentimeter.
1865 sollen sich Velozipedisten auf einer 500-Meter-Bahn in Amiens in Nordfrankreich eine Wettfahrt geliefert haben. Das erste Bahnrennen der Geschichte fand im Park von St. Cloud in Paris auf einer Erdbahn mit leicht erhöhten Kurven statt. Die 1200 Meter bewältigte der Engländer James Moore in 3:50 Minuten, der nächste Fahrer lag 20 Meter hinter ihm.

Das erste Radrennen – mit einem 13er-Schnitt

James Moore wurde auch Sieger des ersten Rennens über eine lange Distanz. Das war eigentlich das erste echte Radrennen der Geschichte, veranstaltet von „Cyles Michaux". Das erste Rennen war also gleich eine Veranstaltung mit Sponsor. Am 7. Juni 1869 um 7 Uhr 30 morgens standen rund 120 Fahrer unter dem Triumphbogen von Paris und traten in die Pedale. Nach Rouen, 123 Kilometer. Es regnete natürlich. Der 20-jährige Engländer Moore traf nach 10:40 Stunden (mit Pausen) um 6 Uhr abends in Rouen ein. Das entspricht einem

Schnitt von 13 Kilometer pro Stunde, nicht schlecht für eine zehnstündige Tour mit seiner vermutlich 20 Kilo schweren „Michauline". Gerüchte gab es, dass nicht alles mit rechten Dingen zugegangen sei. Solche Gerüchte gibt es immer. Auch zwei (nach anderen Quellen: sechs) Frauen machten mit. Miss America wurde 29. der 34 gewerteten Fahrer. Sie erreichte Paris nach 23 Stunden, allerdings hatte sie fünfeinhalb Stunden in Pont de l'Arche geschlafen. Dennoch Hut ab!

Der Lohn für den Sieger waren 50 Goldstücke, die „Louis d'Or". Am 12. Mai 1969 wurde 100 Jahre danach das Jubiläumsrennen gefahren. Der Franzose Régis Delépine, der Sieger, bekam wiederum 50 Louis d'Or. Sein Schnitt betrug über 42 Kilometer pro Stunde – er hätte, wäre er 100 Jahre zuvor so schnell gefahren, im Ziel in Rouen sieben Stunden auf James Moore warten müssen!

Das Hochrad – und Boyd Dunlop

Die konsequente Weiterentwicklung des Velozipeds war in den sechziger Jahren das Hochrad – grotesk in der Maxiversion mit einem Durchmesser von 3 Meter vorn mit Minirad hinten bei einem Gewicht von satten 65 Kilogramm. Die Hochräder bekamen auch den Kosenamen „Knochenschüttler" (Boneshaker). Radfahrer wurden nun häufiger gesichtet, und das führte zu Konfrontationen, da die Postkutsche ihr Privileg der Geschwindigkeit bedroht sah. 1876 wurden der Fahrer und der Kontrolleur einer Droschke auf der Strecke von Watford nach St. Alban in England mit 2 beziehungsweise 5 Pfund Strafe belegt, weil sie einen überholenden Radler mit der Peitsche traktiert und ihm zusätzlich eine Eisenkugel, die an einem Band befestigt war, zwischen die Speichen geschleudert hatten.

Erst 1881 entwickelte man in England das „Diamantrad" (der Rahmen hatte fünf Seiten wie ein Diamant) mit gleich großen Rädern, und als der Tierarzt John Boyd Dunlop 1888 den luftgefüllten Reifen erfunden hatte, sah man ein Fahrrad, das schon den heutigen glich. Der Ire Boyd Dunlop soll auf seinen Einfall gekommen sein, als er einen Gummihandschuh aufblies, um mit der Hand hineinzuschlüpfen. Man brauchte nur noch ein Ventil.

Und wie Ärzte um 1830 vor Tod und Schwachsinn durch die wahnsinnigen Fahrten auf der Eisenbahn mit Tempo 30 warnten, so warnten viele vor Dunlops Produkt: Es werde explodieren, da werde es wohl viele Opfer geben. So kam es nicht, aber dass man auch 120 Jahre danach, mitten im Zeitalter der Nanotechnologie, immer noch mit einem Platten liegen bleibt, ist auch ein (kleiner) Skandal.

II. Die ersten Marathon-Rennen

Als es dann den Luftreifen gab, sah man für das Fahrrad keine Grenzen mehr. Die Eintagesklassiker wurden erfunden. Das älteste heute noch gefahrene Radrennen ist Mailand-Turin, das 1876 seine Premiere erlebte. Zwanzig Jahre danach meldete Friedrich Kallenberg aus Frankreich: „Einer Giftpflanze gleich überwuchert das Rennfieber alle gesunden und praktischen Seiten des Radfahrsports, in erster Linie des Tourenfahrens. Mit einer Gewissenhaftigkeit, als handle es sich um Tabellen über geographische Längen und Breiten in Central-Afrika, registrieren die Fachblätter die neuen ‚besten Zeiten'."

Bordeaux-Paris, 560 Kilometer – und die Engländer

1891 rief die Radzeitschrift „Véloce Sport" (später: „Le Vélo") das Rennen zwischen Bordeaux und Paris ins Leben. Die Strecke war 560 Kilometer lang. Der erste Sieger war ein Engländer, George Pilkington Mills. Er brauchte 26 Stunden und 34 Minuten – ein ordentlicher 21er-Schnitt. Zweiter Montague Holbein, Dritter Selmyn-Francis Edge. Vier der 18 angekommenen Fahrer waren Engländer. Interessant, dass im Fahrradbau und bei den frühen Rennen Engländer den Ton angaben – wie auch in einer anderen extrem harten Disziplin, dem Bergsteigen. Später wurden sie in der Fahrradgeschichte nicht mehr oft aktenkundig. Berühmt war Tommy Simpson, der 1967 am Mont Ventoux starb und vorher Straßenweltmeister war und Sieger von Mailand-Sanremo. Und Max Sciandri.

1015 Fahrer 1988

Einhundert Jahre später, 1988, war der Sieger Jean-Francois Rault bei Bordeaux-Paris 18 Stunden unterwegs. Die Strecke maß auch schon einmal 620 Kilometer, in den siebziger Jahren, als der Belgier Herman van Springel das Rennen sieben Mal gewann. Irgendwie zogen die Fahrer nicht so recht – von 1965 bis 1985, also 20 Jahre lang – pendelte die Teilnehmerzahl zwischen 10 und 20. Der Tiefpunkt war 1968 erreicht, als 11 Fahrer am Start standen und nur 4 ins Ziel kamen. Sieger wurde Emile Bodard in 14:54 Stunden, Dritter der Deutsche Rolf Wolfshohl. 1985 hatten noch, bei der viertletzten Austragung, 13 Fahrer das Rennen absolviert (10 kamen ins Ziel); 1986 waren dann gleich 137 gemeldet und 1987 sogar 258. Im letzten Jahr, 1988, machten sich dann 1015 auf die lange Fahrt. Des Rätsels Lösung: 819 von ihnen waren Radtouristen. Es war das letzte Jahr des traditionsreichen Rennens im Profikalender.

1200 Kilometer nonstop – Paris-Brest 1891

Die Monstertour des jungen Radsports war Paris-Brest-Paris. Es hatte seine Premiere 1891, noch vor Bordeaux-Paris, und wurde dann nur noch fünf Mal veranstaltet – 1901, 1911, 1921, 1931 und 1951. Man ahnt gleich, warum: nonstop 1196 Kilometer!

Am 6. September um 6 Uhr 17 morgens erklingen zehn Trompeten vor dem „Petit Journal" in Versailles. 211 Fahrer machen sich auf den Weg. Michel Dargenton hat einen Bericht über dieses epische Rennen geschrieben. Charles Terront aus Bayonne erreicht Pré-en-Pail (215 km) um 17 Uhr, Jiel-Laval kommt dort um 20:36 Uhr an, und in Vioré (280 km) trinken er und sein Gegner Milch. Die Nachtfahrt beginnt. Die Räder („machines") mussten mit Scheinwerfern ausgerüstet sein. Um 2:15 Uhr trifft Terront in Montauban-de-Bretagne ein, doch der Kontrolleur liegt im Bett und muss erst geweckt werden. Der letzte Fahrer meldet sich 13 Stunden später.

Der Letzte hat sieben Tage Rückstand

In Brest (598 km) an der Wende liegt Jiel-Laval vorn. 100 000 Zuschauer jubeln. 121 der 210 Gestarteten schaffen es bis dorthin, doch der Letzte hat 98 Stunden und 28 Minuten Rückstand: vier Tage. Zurück. In St. Brieuc (746 km) läuft oder besser rollt Terront um 3:35 Uhr ein, Jiel-Laval nach einer Panne 2 Stunden später. In Pré-en-Pail macht Terront 13 Minuten Pause. Dreizehn Minuten! Um 21:11 Uhr sieht er in Mortagne ein Feuerwerk, hat dann einen Unfall, geht einen Kilometer zu Fuß zur Schmiede. Wieder eine Nachtfahrt. Charles Terront trifft ziemlich genau drei Tage nach dem Start in Versailles ein, um 6:37 Uhr. Er war 71 Stunden und 37 Minuten auf dem Rad.

Jiel-Laval hat 8 Stunden Rückstand, der Dritte kommt um 6:07 Uhr am nächsten Morgen an. Der 98. und Letzte, Laurent aus Bordeaux, quält sich am 16. September ins Ziel, 10 Tage nach dem Start. Er war 245 Stunden auf dem Rad.
Bei der letzten Austragung 1951 brauchte Maurice Diot nur noch 38 Stunden und 36 Minuten und legte über die damals 1182 Kilometer einen Schnitt von 30,3 Kilometer pro Stunde hin.

„All heil“ bei Wien-Berlin, 582 Kilometer

Am 29. Juni 1893 hatten die deutschen und sächsischen Radler ihren großen Tag. Auf ihre Initiative ging das Rennen von Wien nach Berlin zurück. 117 Fahrer hatten 582 Kilometer vor sich. „Am Steuerhäuschen auf dem Tempelhofer Felde bei Berlin, das als Ziel bestimmt war, hatte man eine Ehrenpforte errichtet, die mit den Fahnen Deutschlands und Österreich-Ungarns sowie mit zahlreichen Wimpeln und Laubgewinden geschmückt war und den Radfahrern ein ‚Willkommen in Berlin‘ und ‚All Heil‘ entgegenrief“, heißt es in einem zeitgenössischen Bericht. „Der erste Ankömmling wurde von der dort harrenden Menschenmasse begeistert empfangen. Es war Josef Fischer aus München, ein kräftiger Mann von 32 Jahren, der … die ganze Strecke in 31 Stunden 1 Minute 22⅖ Sekunden zurückgelegt hatte.“

Das originale Marathon-Radrennen

„Athener, wir haben gesiegt!“ soll der erste Marathonläufer ausgerufen haben, bevor er tot zusammenbrach, dieser griechische Soldat, der den Sieg der Athener bei Marathon meldete. 1896, bei den ersten Olympischen Spielen der Neuzeit, angeregt vom Baron de Coubertin, fand auch ein „Marathon-Radrennen“ statt. Es führte von Athen nach Marathon und zurück und war etwa 87 Kilometer lang. Es waren Schrittmacher auf dem Fahrrad erlaubt. Es gab haufenweise Stürze, bei dem auch das Rad des späteren Siegers Aristidis Konstantinidis – ein Grieche, wie schön! – beschädigt wurde. Er schnappte sich das Rad eines Schrittmachers, holte den Engländer Battel ein und rollte als Erster ins Velodrom von Neo-Phaleron.

Der Erfinder

Von 1896 an war Edmond Jacquelin, der sich 1893 vom Bäckerdasein verabschiedet hatte und nach Paris gekommen war, der große Radstar. Er holte sich bei den Olympischen Spielen 1900 in der französischen Metropole die Bronzemedaille, wurde im selben Jahr, wiederum in Paris, Weltmeister und im Jahr darauf in Berlin-Friedenthal Zweiter. Dann trat er zurück – und erfand die Straßenkehrmaschine. Sehr verdienstvoll.

482 Kilometer: die längste Etappe der Tour

Die längste Etappe der Tour de France war 482 Kilometer lang und führte in den Jahren 1919–1924 von Les Sables d'Otonne nach Bordeaux. Die Strecke Marseille-Toulouse von 1906 mit 480 Kilometer rangiert kurz dahinter. Die sechs längsten Etappen wurden alle vor 1920 ins Programm genommen.

Race Across America

Rund 4900 Kilometer misst die Strecke durch die Vereinigten Staaten von der Westküste zur Ostküste, „coast to coast". Das Race Across America (RAAM) nimmt alljährlich die Strecke unter die Räder. 1982 beim Debüt waren nur vier Fahrer am Start. Alle haben einmal klein angefangen. 1986 schaffte Peter Penseyres (USA) die Kontinentaldurchquerung in 8 Tagen, 9 Stunden und 47 Minuten, mit einem Schnitt von fast 25 Kilometer pro Stunde. Es ist der bisherige Rekord, aber Charles Terront muss sich da nicht verstecken. Geschlafen wird höchstens 2 Stunden die Nacht. Es gibt 54 Kontrollstellen und keine Streckensperrungen.

1989 machte sich Dr. Bob Breedlove (leider 2005 beim RAAM von einem Lastwagen tödlich überfahren), der anscheinend noch nicht genug hatte, gleich wieder auf den Rückweg und durchquerte so den Kontinent gleich zwei Mal, in etwas mehr als 22 Tagen. Der Amerikaner Rob Kish nahm an 18 von 23 Malen teil und siegte drei Mal, ebenso oft wie der Österreicher Wolfgang Fasching, der unlängst bei „Le Tour Direct" 4069 Kilometer über die Strecken der Tour de France nonstop in 8 Tagen, 2 Stunden und 4 Minuten unterwegs war und dabei insgesamt nur 6 Stunden und 40 Minuten schlief. Es gewann Jure Robic.

Ultratriathlons

Radfahren ist der Mittelteil im Triathlon. 3,8 Kilometer Schwimmen, 180 Kilometer Radfahren und der Marathonlauf von 42,2 Kilometern ist die kanonische Distanz. Beim „Double Iron“ oder „Triple Iron“ werden die Distanzen verdoppelt beziehungsweise verdreifacht, beim Fünffach-Iron etwa fallen 900 Kilometer mit dem Fahrrad an. Mit einem 30er-Schnitt ist der Athlet da 300 Stunden unterwegs. Erinnern wir uns an den Letzten von Paris-Brest-Paris, Laurent aus Bordeaux, der 245 Stunden brauchte.

III. Die Außerirdischen

Natürlich schauen beim Radrennen alle auf die Favoriten, die man stets an einer Hand abzählen kann. Manchmal war es nur einer. In vielen Phasen des Radsports beherrschte ein Champion so deutlich die Szene, dass er fast in einer eigenen Kategorie zu fahren schien – Coppi, Anquetil, Merckx, Hinault, Armstrong. Die anderen fast 200 Teilnehmer eines Rennens (mehr sollen es laut Internationalem Verband nicht sein; maximal 21 Teams zu je 9 Fahrern) warten und hoffen, sich wenigstens ein Mal in Szene setzen zu können. Es gibt sehr gute Fahrer, die in 10 Jahren ihrer Karriere vielleicht zwei, drei Etappen einer großen Rundfahrt gewonnen haben. Andere müssten sich eigentlich ein Haus kaufen, um in den Zimmern ihre vielen Trophäen unterbringen zu können.

Der größte Fahrer aller Zeiten

Eddy Merckx trat in den 13 Jahren seiner Karriere (von 1965 bis 1978) 1800-mal an und holte 525 Siege. 1969 begann die unglaubliche Siegesserie des 1945 geborenen Belgiers. Greifen wir sein phänomenales Jahr 1972 heraus: Im Frühjahr gewinnt er überlegen Mailand-Sanremo, den Wallonischen Pfeil und Lüttich-Bastogne-Lüttich. Er holt sich den dritten Giro d'Italia mit 5:30 Minuten vor dem Spanier Fuente und die vierte Tour de France in Folge, wobei er den Zweiten Felice Gimondi mit 10:41 Minuten hinter sich lässt. Die Straßenweltmeisterschaft verliert Merckx knapp gegen Basso und Bitossi, dann gewinnt er im Herbst noch die Lombardei- und die Piemont-Rundfahrt sowie diverse andere. Und eignet sich Ende Oktober 1972 noch mit 49,432 Kilometern den Stundenweltrekord an. Das Team, für das er fuhr – Faema –, hieß im Scherz „Faites attention, Eddy Merckx arrive!" (Passt auf, Eddy Merckx kommt!)

Dabei erlitt Eddy schon am 9. September 1969 bei einem Bahnrennen in Blois (Frankreich) einen schweren Unfall. Ein Schrittmacher war verunglückt, und Eddys Mann auf dem Motorrad, Fernand Wambst, rast mit dem Fahrer hinter sich in die Trümmer. Wambst ist trotz Sturzhelm sofort tot, Merckx hat Glück, doch bei dem Unfall verschiebt sich sein Becken. Er sei seitdem nie mehr so stark am Berg gewesen wie früher, sagte er, habe nur noch 70 Prozent seiner Leistung gebracht, und „manchmal litt ich auf dem Rad so sehr, dass ich wegen des Schmerzes weinte, wenn keiner dabei war". Bei seiner letzten Tour de France 1975 quälte er sich nur noch über die Berge, von den Zuschauern geschmäht, aber ankommen wollte er in Paris. Ein großer Champion.

Die Liste

Ein besonders gewissenhafter Statistiker, Daniel Marszalek aus Polen, hat die Rennen der Radsportgeschichte analysiert und Punkte vergeben, und nach seinem komplizierten Schlüssel war Eddy Merckx, der „Kannibale" (weil er alles gewinnen wollte und keinem etwas übrig ließ), der größte Fahrer aller Zeiten mit 5849 Punkten. Bilden wir doch gleich die Liste ab, die leider nur bis zum Jahr 2002 aktualisiert ist. Doch danach haben nur noch Armstrong (Platz 28) und Ullrich (40) gepunktet.

1.	Eddy MERCKX (Bel) [1965–78]:	5848,8 points
2.	Bernard Hinault (Fra) [1975–86]:	3312,8
3.	Sean Kelly (Irl) [1977–94]:	3074,9
4.	Jacques Anquetil (Fra) [1953–69]:	2937,8
5.	Francesco Moser (Ita) [1973–88]:	2880,85
6.	Gino Bartali (Ita) [1934–54]:	2860,15
7.	Felice Gimondi (Ita) [1965–78]:	2625,55
8.	Joop Zoetemelk (Hol) [1970–87]:	2518,45
9.	Fausto Coppi (Ita) [1939–59]:	2510,05
10.	Roger de Vlaeminck (Bel) [1969–87]:	2497,05
11.	Rik van Looy (Bel) [1953–70]:	2277,05
12.	Raymond Poulidor (Fra) [1960–77]:	2215,5
13.	Miguel Induràin (Esp) [1984–96]:	2183
14.	Laurent Jalabert (Fra) [1989–2002]:	2173,3
15.	Tony Rominger (Sui) [1986–97]:	2087,5
16.	Alfredo Binda (Ita) [1923–36]:	2049,4
17.	Louison Bobet (Fra) [1947–61]:	1925

18.	Giuseppe Saronni (Ita) [1977–90]:	1920,9
19.	Ferdi Kübler (Sui) [1940–57]:	1812,1
20.	Freddy Maertens (Bel) [1972–87]:	1800,1
21.	Lance Armstrong (Usa) [1992–2003]:	1683,7
22.	Herman van Springel (Bel) [1965–81]:	1544,7
23.	Alex Zülle (Sui) [1991–2003]:	1525,75
24.	Greg Lemond (Usa) [1981–94]:	1523,95
25.	Fiorenzo Magni (Ita) [1941–56]:	1511,65
26.	Laurent Fignon (Fra) [1982–93]:	1439,45
27.	Costante Girardengo (Ita) [1912–36]:	1437,6
28.	Nicolas Frantz (Lux) [1922–34]:	1410,55
29.	Luis Ocaña (Esp) [1968–77]:	1397,45
30.	Franco Bitossi (Ita) [1961–78]:	1378
31.	Pedro Delgado (Esp) [1982–94]:	1365,65
32.	Jan Janssen (Hol) [1962–72]:	1365,5
33.	Claudio Chiappucci (Ita) [1985–99]:	1335,3
34.	Hugo Koblet (Sui) [1946–58]:	1311,15
35.	Lucien van Impe (Bel) [1969–87]:	1307,4
36.	Johan Museeuw (Bel) [1988–2003]:	1303,5
37.	Learco Guerra (Ita) [1928–41]:	1299,7
38.	Walter Godefroot (Bel) [1965–79]:	1291,95
39.	Gianni Bugno (Ita) [1985–98]:	1291,75
40.	Jan Ullrich (All) [1994–2003]:	1257,5
41.	Hennie Kuiper (Hol) [1973–88]:	1246,1
42.	Rik van Steenbergen (Bel) [1943–66]:	1241,8
43.	Antonin Magne (Fra) [1926–41]:	1228,3
44.	Constant Ockers (Bel) [1941–56]:	1218,45
45.	Francois Faber (Lux) [1906–14]:	1203,5
46.	Gustave Garrigou (Fra) [1907–14]:	1202,95
47.	Stephen Roche (Irl) [1981–93]:	1190,2
48.	Marino Lejarreta (Esp) [1979–92]:	1185,6
49.	Mario Cipollini (Ita) [1989–2003]:	1184,1
50.	Vittorio Adorni (Ita) [1961–70]:	1163,65

Lötzsch

Merckx: 525 Siege. Doch da gibt es einen, der fast unbekannt ist und in seiner Karriere auf 550 Siege – meist nationaler Art – zurückblicken kann: Wolfgang Lötzsch aus Chemnitz. Eine Legende. Der 1952 geborene Lötzsch hatte – sportlich gesehen – das Pech, in der DDR zu leben. 1972 ließ man ihn nicht an den Olympischen Spielen in München teilnehmen. Er wollte ausreisen, und sieben Anträge lehnten die DDR-Machthaber ab. Er musste ins Gefängnis. Doch beim Radfahren drehte er auf. 1983 gewann er „Rund um Berlin" mit 9 Minuten Vorsprung vor allen DDR-Assen. Als Lötzsch viermal hintereinander Zweiter beim 50-Kilometer-Einzelzeitfahren wurde, strich der Verband einfach die Disziplin. Lötzsch war Unperson. Wer mit ihm Kontakt hatte, bekam Probleme. Bei der Wende 1989 war er schon 37 Jahre alt. Darum könnte er auch im folgenden Kapitel unter „Pechvögel" genannt werden.

Maertens als Klein-Merckx

Die spanische Vuelta 1977 war langweilig. Ein Landsmann von Eddy Merckx wollte nach dessen Abschied es ihm gleichtun. Freddy Maertens gab sich als Tyrann im Feld und war total überlegen. Er führte vom ersten bis zum letzten Tag, gewann die Sprints, die Punktwertung und 13 von 20 Etappen.

Zwei Tage, zwei Rennen

1965 hatte Jacques Anquetil bereits fünf Mal die Tour de France gewonnen. In diesem Jahr zeigte er, aus welchem Holz echte Champions geschnitzt sind. Am 29. Mai gewann der Franzose am Nachmittag das Rennen Dauphine Libéré, danach legte er sich wohl kurz aufs Ohr, um am nächsten Tag um 2 Uhr morgens das Rennen Bordeaux-Paris aufzunehmen, das über 550 Kilometer ging. Auch da gewann Anquetil.

Die Suche nach dem Superlativ

Die Radsportpresse hat immer über Poeten und Wortschöpfer verfügt, die den Champions Namen gaben und sie mit Huldigungen überschütteten. Dabei taten sich immer die überschwänglichen Franzosen und Italiener der Zeitungen wie „L'Équipe" und „Gazzetta dello Sport" hervor. 1963 betitelte Jacques Goddet einen Leitartikel mit den Worten „Von der großen Kunst", und Antoine Blondin erinnerte an den „Flug einer Caravelle", damals das erste Linienflugzeug mit Düsenantrieb. Doch dann gibt es immer schlecht gelaunte Schreiber und Neider: Anquetil wurde auch als „blond, blauäugig und brutal" sowie als „radelnder Buchhalter" apostrophiert. Merckx war wie erwähnt der „Kannibale", weil er keinem anderen einen Sieg gönnte. Als er 1969 mit 18 Minuten Vorsprung die Tour de France vor Roger Pingeon gewann, fand die Zeitung „L'Équipe" den Beinamen „Velonaut". Lance Armstrong wurde später zum „Außerirdischen" ernannt, Jan Ullrich zum „Kaiser".

Die Spitznamen – „The Tashkent Terror"

Manchmal steuerten auch Fans treffende Spitznamen bei, die sich entweder auf die besonderen Qualitäten des Fahrers bezogen oder auf seinen früheren Beruf. Jacques Anquetil war „Maître Jacques" oder „Monsieur Chrono", weil er stets beim Zeitfahren brillierte. Dem aggressiven Sprinter Dschamulin Abduschaparow gaben sie die Namen „The Tashkent Terror" und „Der Express von Taschkent". Der Spanier Federico Bahamontes war der „Adler von Toledo", Gino Bartali der „Fromme" oder der „Alte". Louison Bobet kam mit „Zonzon, der Bäcker von St. Méen" davon, Claudio Chiappucci erhielt den Beinamen „El Diablo" und sein Landsmann Mario Cipollini „Super Mario" und auch: „Il Bello". Das muss man nicht übersetzen. Fausto Coppi war der „Campionissimo", Superlativ von Campione. Édouard Fachleitner: Fach, der Schäfer von Manosque.

Guerra, die menschliche Lokomotive

Laurent Fignon, der „Champ" der achtziger Jahre, hieß „Der Professor" wegen Nickelbrille und intellektuellen Auftretens. Maurice Garin, der Sieger der ersten Tour de France 1903, war früher Schornsteinfeger, also: „Der kleine Kaminfeger". Garin gewann übrigens mit 2 Stunden 49 Minuten Vorsprung und war – wie nur vier weitere

Fahrer in hundert Jahren „Tour" – von der ersten bis zur letzten Etappe vorn. Der Italiener Learco Guerra wurde mit „die menschliche Lokomotive" geehrt, Charly Gaul (Sieger der Tour 1958) war „Der Engel der Berge", Bernard Hinault „Der Dachs" (Le blaireau). Mario Cipollini hieß auch „Re Leone" (Löwenkönig), der schöne Hugo Koblet „Le pédaleur du charme", Octave Lapize „Le frisé" (immer gut frisiert) und Eros Poli „Beau Eros". Johan Museeuw wurde mit „Der Löwe von Flandern" bedacht, Raymond Poulidor, der ewige Zweite, mit „Pou-Pou", und sein Kollege Jean Robic „Tête de cuir", weil er als Erster mit einer Haube aus Leder fuhr.

Geld fürs Daheimbleiben

1929 hatte Alfredo Binda seinen dritten Giro d'Italia hintereinander gewonnen und 8 von 14 Etappen geholt. 1930 bot Armando Cougnet, der „Patron" des Giro, Binda 22500 Lire, damit er zu Hause bliebe. Er stimmt sich mit dessen Team ab, der Legnano. Binda schlägt ein, bleibt zu Hause, fährt zur selben Zeit andere Rennen, wobei er die Summe noch einmal hereinholt. Das Jahr 1930 war ein gutes Jahr für ihn. Vierzig Jahre später sollten Rennveranstalter klagen, wegen der immensen Gagen für Eddy Merckx sei für seine Kollegen kaum noch Geld übrig, und überhaupt sei er der „Totengräber des Profiradsports". Merckx' Überlegenheit führte sogar zu Überlegungen mancher Teams, sich zurückzuziehen.

Dreifache Prämie für den Zweiten

Immer hat den Radsport die Dominanz eines Mannes begleitet – und gestört. Nach Binda war es in Italien und bei der Tour Fausto Coppi, der ungeheure Abstände zwischen sich und seine Gegner legte. 1952 verdreifachte Tour-Chef Jacques Goddet die Prämie für den Zweiten, der dann Stan Ockers hieß und 28:17 Minuten hinten lag. Zur erwarteten Coppi-Show waren die Stars Ferdi Kübler, Hugo Koblet und Louison Bobet gar nicht angetreten, trotz der verheißenen Prämie – so überlegen schien der Champion. Im nächsten Jahr, 1953, lud man Coppi gar nicht zur Tour de France ein. Auch eine Lösung.

Die Dominanz von Anquetil war ebenso erdrückend wie später die von Merckx und Bernard Hinault, dann kamen 5 Jahre Induràin und 7 Jahre Lance Armstrong. Zwar hatte jeder Champion immer einen gefährlichen Rivalen. Die Duelle hießen Binda gegen Girardengo, Coppi gegen Bartali, Anquetil gegen Poulidor, Merckx gegen Zoetemelk, Hinault gegen Lemond, Induràin gegen Rominger, Armstrong gegen Ullrich. Doch der Ausgang war meist klar. Zwischendrin konnten die Organisatoren der Tour wieder aufatmen und sich auf eine umkämpfte Rundfahrt freuen. Macht ja keinen Spaß, wenn immer derselbe gewinnt.

Manche fahren außer Konkurrenz

Nette, bewundernde und fast resignative Kommentare hörte man immer von Konkurrenten. Was bleibt sonst schon übrig. 1951 riss in Brive-la-Gaillarde bei der Tour de France Hugo Koblet aus, wobei er sogar Coppi und Bartali kalt erwischte. Auch Louison Bobet brach ein. Da stöhnte Raphael Géminiani: „Wenn es zwei Fahrer von der Sorte Hugo Koblets gäbe, würde ich sofort den Beruf wechseln!" Der Niederländer Joop Zoetemelk erklärte 1970, um den zweiten Platz kämpfen zu wollen. Der erste stehe gar nicht zur Diskussion: „Eddy ist sowieso allen überlegen." Raymond Poulidor sagte nach einer Etappe: „Eddy Merckx ist heute fast 240 Kilometer alleine oder sozusagen alleine gefahren. Schlussfolgerung: Eigentlich könnte er gleich auf seine Mannschaftskameraden verzichten!" 1992 äußerte sich der Spanier Alvaro Mejìa so: „Wenn ich Zweiter werden sollte, dann werde ich später meinen Enkeln erzählen, dass ich die Tour gewonnen habe. Denn Induràin fährt außer Konkurrenz." Mejìa wurde im Jahr darauf dann Vierter; vermutlich wird er dann gesagt haben, er sei eigentlich Dritter geworden.

„Fast hätte er mich überfahren"

Als Laurent Fignon bei einem Zeitfahren der „Tour" 1992 Miguel Induràin vorbeilassen musste, der sage und schreibe 6 Minuten später gestartet war, sagte er: „Es war wie ein Flintenschuss, als er mich überholte." Beim Giro d'Italia 1998 wurde Laurent Jalabert beim Anstieg nach Oropa Opfer von Marco Pantani, der nach einer Panne einen Fahrer nach dem anderen überholte. Der Kommentar von Jalabert nach der Etappe: „Ich musste Platz machen, sonst hätte mich Pantani vermutlich überfahren.“ Am Peyresourde bei der Tour de France 1998 schilderten Augenzeugen eine Attacke von Marco Pantani so: Er sei losgefahren „wie ein Projektil, das von einer Kanone abgefeuert wird“. Und Henri Anglade, der bei der Tour 1964 im Nebel am Port D'Envalira überholt wurde: „Dann habe ich plötzlich außen eine Rakete vorbeizischen sehen. Ich konnte nicht folgen und habe ihn fahren lassen.“ Es war Jacques Anquetil. Ein anderer Helfer, Rostolland, erzählte nach der Etappe: „Er verschwand vor mir im Nebel von Alpe d'Huez, und ich sagte mir: Den hast du wohl zum letzten Mal im Leben gesehen.“

Der lange Weg zum Champion

Bis man ein Champion wird, kann es dauern. Nicht jeder wird bei der zweiten Teilnahme gleich Sieger der Tour de France wie Jan Ullrich 1997. Besonders lehrreich ist der Weg von Miguel Induràin Larraya. Der 1964 geborene Mann aus Navarra brauchte Geduld. Er wurde 1984 mit 20 Jahren Profi. 1985 ging's zur Tour de France: Aufgabe bei der 4. Etappe. 1986: Aufgabe bei der 12. Etappe. 1987: Platz 97. 1988: Platz 47. 1989: Platz 17. 1990: Platz 10. Dann hoch zum Gipfel: 1991–1995 fünf Tour-de-France-Siege in Folge. 1996: Aufgabe bei der 11. Etappe. Induràin erklärte sein Karriereende. Aufstieg und Niedergang, so ist das (Radsport-)Leben.

Die Dauerbrenner

Die Karriere der Fahrer dauert meist bis zum 35. Lebensjahr. Wenn man mit zwanzig anfängt, kann man 15 Jahre im Rennen sein. Der Ire Sean Kelly jedoch war 17 Jahre im Rennzirkus, der Deutsche Hannes Junkermann 18 Jahre. Jan Zoetemelk hat 16-mal an der Tour de France teilgenommen und ist jedes Mal angekommen, der Belgier Lucien van Impe 15-mal, Joaquim Agostinho (1942–1984) 14-mal vor André Darrigade, der von 1953 bis 1966 13-mal in Paris einrollte.

Aufhören fällt schwer
Dann ans Ende zu denken, tut weh. Andere sind jünger und schneller, und man muss einen würdigen Abgang finden. Miguel Induràin ergab sich 1996 nach fünf Tour-Triumphen in sein Schicksal, Lance Armstrong wäre auch nach seinen sieben gerne weitergefahren. Auch Fausto Coppi fiel der Abschied schwer. Mit fast 39 Jahren nahm er noch 1958 in Reims an der Weltmeisterschaft teil. Da gab es ein seltsames Vorkommnis. Erst attackierte Louison Bobet, und ihm schlossen sich Gastone Nencini – schon Tour-Sieger – und der Niederländer Voorting an. Und ein Vierter stellte sich ein: der 25-jährige Ercole Baldini. Es fehlten noch 250 Kilometer bis zum Ziel. Warum greift der Mannschaftskapitän Baldini auch noch an?, regte sich Nencini auf. Coppi habe es ihm geraten, sagte dieser. Besser zu zweit gegen Bobet. Er selber habe nicht ausreißen wollen, aber Fausto Coppi habe darauf bestanden. Wollte der Campionissimo die aufstrebende Hoffnung verheizen? Man wird es nicht erfahren, aber das Ende war schön: Ercole Baldini zog sein Ding durch und wurde Weltmeister. Aber der Titel brachte ihm kein Glück. Bald begann sein mysteriöser Abstieg.

Die Wasserträger
Champions brauchen eine Mannschaft. Wasserträger – oder Domestiken – heißen die Helfer. Das können Edelhelfer sein, die vielleicht auch eine halbe Million Euro verdienen. Doch – was für ein Job! Sie müssen am Berg ziehen, was das Zeug hält, notfalls vor dem Feld fahren, was sie können, und wenn sie ausgebrannt sind, schwenken sie ab und rollen später durchs Ziel. Auf Kommando müssen sie zum Begleitfahrzeug und Trinkflaschen für ihren Chef abholen, ihm notfalls ihr Fahrrad geben, ihn von hinten wieder ans Feld heranführen oder vorn einem Ausreißer nachjagen und ihn möglichst durch Temposrosselung entmutigen. Der deutsche Fahrer Jörg Ludewig, neu bei T-Mobile, sagte 2006 in einem Interview: „Ich bin unser Mädchen für alles. Wenn jemand einen Platten hat, halte ich an. Wenn jemand austreten muss, warte ich. Wenn jemand eine Regenjacke braucht, hole ich sie.“ Der gute Geist.

Andere Fahrer müssen für ihren Star den Sprint anziehen, das ist zielgenaue, fast wissenschaftliche Arbeit – im Team vorn fahren, sich in Linie aufreihen, bis sich einer nach dem anderen beiseite macht – dies aber nicht zu früh und nicht zu spät –, bis endlich der Oberste Sprinter vorn liegt, idealerweise kurz vor dem Ziel, wo er idealerweise mit starkem Antritt gewinnt. Radsport ist eine klare Hierarchie mit klar vergebenen Aufgaben. Hätte man das gedacht? Da ist nichts mit „Hoppla, hier komm' ich".

IV. Die Pechvögel

So wie es Champions gibt, die ungerührt Sieg um Sieg einfahren, so gibt es im Radsport – wie auch im Leben – auch Pechvögel. Manchmal haben sie nur einmal Pech, und richtig blödes, und manchmal klebt ihnen das Pech an den Schuhen.

Die Vorderradgabel brach – und nicht nur ein Mal

Eugène Christophe, genannt „Cri-Cri“, hatte ein besonderes Karma. Wer weiß, was ein Vorfahr aus der Frühgeschichte des Radsports seiner Vorderradgabel angetan hatte. Jedenfalls lag Christophe bei der Tour de France 1913 am Col de Tourmalet scheinbar uneinholbare 18 Minuten vor Philippe Thys. Dann brach an Christophes Vorderrad die Gabel. Die Geschichte ist berühmt geworden. Er trug sein Fahrrad 14 Kilometer zu Tal, fand die Dorfschmiede von Sainte Marie de Campan und reparierte den Schaden. Ein Junge betätigte dabei den Blasebalg. Nun lag er plötzlich 4 Stunden zurück. Die Rennkommissare, die zugeschaut hatten, erhöhten den Rückstand auf 4:01 Stunden – er habe fremde Hilfe in Anspruch genommen: eine Minute Strafzeit. Thys lag am Ende der Etappe vorn.

Sechs Jahre später, 1919, bricht ihm nochmals die Gabel, und wieder verliert er dadurch die Tour de France. Doch in jenem Jahr trägt er am 20. Juli 1919 am Start der Etappe in Grenoble das erste „Maillot Jaune“ (Gelbes Trikot) der Geschichte. Das kann ihm keiner nehmen. Denn 1922 bricht ihm … wieder die Vorderradgabel. Diesmal auf dem Col de Galibier. So wie er 1913 vom Tourmalet abstieg, musste Christophe, nunmehr ein Veteran von 37 Jahren, fast 10 Jahre danach zu Fuß vom Galibier herunter. Doch dann wurde er noch Achter der „Großen Schleife“.

Reifenpannen

Jeder, der eine Reifenpanne hat, wird sich als Pechvogel bezeichnen. Der „Platten“ kommt immer zur unrechten Zeit. Den Rekord dürfte Honoré Barthélémy aufgestellt haben, der 1920 Dritter der Tour de France wurde. Bei der ersten Etappe musste er elfmal einen defekten

Reifen reparieren. Im Jahr zuvor hatte er bei der Tour de France sogar durch Steinschlag ein Auge verloren. Weiter hinten im Klassement: die deutschen Klassefahrer Kurt Stöpel und Erich Bautz. Ersterer, 1932 im Gelben Trikot fahrend, hatte auf der Etappe nach Bordeaux sechs Reifenpannen und kam doch noch auf den zweiten Platz der Gesamtwertung. Bautz erlitt 1937 am Galibier drei Reifenpannen und verlor dadurch bis zum Zielort Grenoble 17:20 Minuten.

Tragische Gestalten: Poulidor

Pech und Tragik liegen ja eng beieinander. Wer öfter Pech hat, wer öfter knapp den Sieg verpasst, wer in der entscheidenden Phase stürzt, wird zur tragischen, dabei menschlichen Figur – wie Raymond Poulidor, Pou-Pou, der nie das Gelbe Trikot trug und immer gegen Jacques Anquetil verlor. Die beiden wurden sogar Freunde. Und, kaum zu glauben, Anquetil soll ihm, im Sterben liegend, gesagt haben: „Siehst du, auch da bin ich schneller." Ein makabrer Scherz. In einem Interview 2006 zum seinem 75. Geburtstag sagte Poulidor: „Wenn ich bei der Tour France 1964 im Zeitfahren bei Bayonne keine Reifenpanne gehabt hätte … Und wenn ich in Lisieux hundert Meter später gestürzt wäre … und so weiter …"

Der Ausgleich

Jan Ullrich ist der erfolgreichste deutsche Radrennfahrer aller Zeiten, doch er hatte das Pech, dass er gegen einen noch Besseren fuhr: Bei der Tour wurde er meistens von Lance Armstrong abgehängt – der Rückstand betrug von fast 7 Minuten bis zu 1 Minute (2003). Als der Deutsche ganz dicht dran war, stürzte er auf der 19. Etappe von Nantes im Regen beim Zeitfahren.

Das Pech des einen ist das Glück des anderen, und manchmal gleicht es sich aus im Spiel des Lebens. Im Jahr darauf hatte Jan Ullrich bei der Tour de Suisse 41 Sekunden Rückstand auf den Schweizer Fabian Jeker. Am 20. Juni ging es ins abschließende Zeitfahren. An der 1000-Meter-Marke hatte Jeker noch 11 Sekunden mehr, es wurde gebetet und gehofft in der Schweiz – und dann fehlten Jeker kaum messbare 1,37 Sekunden zum Gesamtsieg. „Ulle" hatte es geschafft.

Acht Sekunden, sechs Sekunden

Unglaublich wenig waren auch die 8 Sekunden, die nach dem abschließenden Zeitfahren der Tour de France 1989 Laurent Fignon und Greg Lemond trennten. Der Amerikaner lag nach 3257 Kilometern in Abstand gerechnet nur 82 Meter vor dem Franzosen. Lemond hatte seine 50 Sekunden Rückstand vor dem Zeitfahren mehr als aufgeholt. Vielleicht brachten der windschnittige Helm des Amerikaners und der neuartige Triathlon-Lenker ein paar Sekunden, aber bestimmt waren nicht Fignons dünne blonde Haare daran schuld, die er zum Zopf gebunden hatte. Das sagen Leute, die schon immer etwas gegen „Langhaarige" hatten. Greg Lemond lag zurück und gab alles, und seine ungeheure Zeit von 54,545 Kilometer in der Stunde waren schließlich die beste, die je ein Rennfahrer bei einem Zeitfahren der Tour de France absolviert hat.
Um 6 Sekunden flog der Niederländer Eddy Peelman aus der Wertung. Bei der kürzesten Tour-de-France-Etappe aller Zeiten – die 19,5 Kilometer von Luchon nach Super-Bagnères, die 15. Etappe im Jahr 1971 – war er ein klein wenig zu langsam gewesen. Doch sein Sportlicher Leiter appellierte an die Organisatoren: Hatte man nicht bei dem nunmehrigen Etappensieger José-Maria Fuentes (in 47:42 Minuten) bei der bisherigen Tour schon zweimal ein Auge zugedrückt? Das war ein Argument. Peelman durfte weiterfahren.

Bruchpiloten

Radsport ist gefährlich. Man muss an die Grenzen gehen, besonders bei den Abfahrten. Doch wer riskiert, verliert auch manchmal. Es gibt Fahrer, denen das Sturzpech an den Schuhen hing. Alex Zülle ist besonders oft gestürzt, auch Jean Robic – der „Lederkopf", der seit einem Sturz als der Erste immer mit Helm fuhr. Robic kam dann 1980 bei einem Verkehrsunfall um. Der große Fausto Coppi war einer der erfolgreichsten Rennfahrer überhaupt. Doch waren seine Knochen nicht besonders stabil. Einmal hat er seine Unfälle aufgezählt – und kam auf 12 schwere Unfälle mit Brüchen in den 17 Jahren von 1942 bis 1959. Er sagte: „Meine Unfälle. Ich erinnere mich genau an sie, ohne sie zu romantisieren."

Sturzpech – Luis Ocaña 1971

Endlich war einmal der Triumphator in Bedrängnis. Bei der Königsetappe von Orcières nach Merlette 1971 kommt der Spanier Luis Ocaña 8:42 Minuten vor Eddy Merckx ins Ziel. Das könnte reichen. Vor der 14. Etappe hat er einen bequemen Vorsprung von 7:23 Minuten auf den belgischen Champion. Dann aber stürzt Ocaña bei schlechtem Wetter bei der Abfahrt vom Col de Mente. Auch Eddy Merckx war gestürzt. Es sah nicht so schlimm aus für Ocaña, doch als er sich erhob, rauschte Joop Zoetemelk heran und in ihn hinein. Aus der Traum. Eddy Merckx trug am nächsten Tag das Gelbe Trikot nicht, eine schöne Geste gegenüber seinem Gegner. Ocaña hatte später noch öfter Pech, scheiterte mit seinem Weingut, mit einem Fahrradteam, verunglückte bei einem Autorennen, verlor dabei ein Auge, und am Ende verließ ihn noch seine Frau. Er erschoss sich 1994 mit 49 Jahren.

Rasmussen „is pechvogel"

„Rasmussen is pechvogel", schrieb eine niederländische Zeitung am 23. Juli 2005. Wahr. Mickael Rasmussen trug das Punktetrikot des besten Bergfahrers, war Dritter der Gesamtwertung (2:12 Minuten vor Ullrich) und hatte begründete Hoffnung, durch ein gutes Zeitfahren bei Armstrongs letzter Tour in Paris aufs Podium steigen zu können. Stattdessen ging schief, was schief gehen konnte. Er stürzte zweimal, musste fünfmal absteigen und beendete den Wettbewerb auf Platz 77. Schon nach zwei Kilometern rutschte ihm in einem Kreisverkehr das Hinterrad weg.

Es schrieb der österreichische Internetkommentator Kärnöl: „Und da steht er schon wieder neben der Straße, der Gewinner des Bergtrikots, der Mickael Rasmussen. Hat der Junge ein Pech heute. Er muss das Rad wechseln. Fährt 50 Meter und muss erneut wechseln. Ja gibt es denn so etwas. … Und jetzt verabschiedet er sich mit einem Salto in die Botanik. Also der bietet eine gute Show heute der Däne. Er wechselt wieder das Rad. Aber, wenn Sie mich fragen, hat der gute Rasmussen auf der Zeitfahrmaschine einfach nicht trainiert. Weil, das war jetzt ein Fahrfehler. Und er wechselt schon wieder das Rad.

2 Stürze und 5× das Rad gewechselt, und das auf den ersten 15 Kilometern, dem haben sie heute einen Scheißtag angedreht. Der 3. Platz ist sicher weg. Die Frage ist, wie weit sein freier Fall im Klassement nach unten geht."

Pech durch Nachmessen

Man kann alles richtig machen – und durch eine Reform zu den Verlierern gehören. Der Berliner Richard Weise ließ sich zu Hause, im Stadtteil Zehlendorf, nach seiner Fahrt 1913 als Stundenweltrekordler mit 42,306 Kilometern feiern. Erst danach wurden Funktionäre aufmerksam und aktiv: Sie maßen die Bahn in Paris nach, auf der der Schweizer Oscar Egg im Jahr zuvor einen Stundenweltrekord erzielt hatte. Und siehe da: Die Bahn war 301,70 Meter lang statt 300 Meter, und Eggs Rekord lag nun plötzlich bei 42,360 Kilometer. Weise sah plötzlich alt aus. Oscar Egg fuhr 1914 wieder Weltrekord: 44,247.
Im August 1933, als der Niederländer Jan van Hout ihn mit 44,588 Kilometern entthront hatte, soll der Schweizer nach Roermond gefahren sein und mit dem Maßband die Bahn nachgemessen haben. Er glaubte beweisen zu können, dass die Roermonder Bahn kürzer war als erlaubt! Doch das Hin und Her brachte nichts. Einen Monat danach verbesserte der Franzose Maurice Richard in St. Trond den Rekord erneut (44,777). Er war damit in der Stunde zweieinhalb Bahnen weiter gekommen als Egg, der sich nun nicht mehr nach St. Trond begab, um nachzumessen. Der Abstand war zu groß.

Pech durch Regeländerung

Pech auch für Jens Lehmann aus Leipzig, der im Januar 1993 in Stuttgart 5000 Meter in der Halle in 5:42,58 Minuten bejubelt zurücklegte und Weltrekordler für Amateure auf dieser Strecke war. Doch der Weltradverband wusste schon, dass Lehmann sich nicht lange freuen würde können. Er setzte bei den Radweltrekorden die Axt an und ließ nur zwanzig übrig. Der Reform zum Opfer fielen die Steherrekorde, die Kurzzeittempofahrten, der „fliegende Kilometer" und der 100-Kilometer-Rekord. Plötzlich waren Dutzende Sportler wie Alexander Romanow (Steher), Dominguez Rueda Efrain oder Francis Moreau

„enterbt". Gestern noch Weltrekordler, heute aus der Liste getilgt. Man kann es aber auch so sehen: Diese Rekorde sind ewig. Man kann sie für die Zukunft streichen, doch sie sind gewesen. Und werden nie mehr verbessert.

V. Die Tücken des Reglements

Der Radrennfahrer übt einen der härtesten Sportarten aus, die zur Verfügung stehen: Er kämpft gegen Wind und Wetter, hat ein empfindliches Sportgerät, dazu einen erzürnten Manager im Mannschaftswagen hinter sich und dann noch 150 bis 200 hungrige, gnadenlose Konkurrenten um sich. Oder vor sich. Und zu all dem gesellen sich auch die Tücken des Reglements. Man muss wissen, was man darf und was man nicht darf; und man muss wissen, was man sich erlauben darf und was nicht. Im Verlauf des Rennsports sind geschriebene und ungeschriebene Regeln entstanden – und immer gab es Leute, die dagegen verstießen.

Reglement der ersten Tour de France 1903
Im Folgenden ist zur Einstimmung ein Auszug aus dem Regelwerk der Tour de France 1903 wiedergegeben. Das Rennen fand vom 1. bis 19. Juli des Jahres in fünf Etappen von je zwei Tagen statt mit Ruhepausen zwischendurch. Sie war mit 2428 Kilometern jedoch relativ kurz (die längste führte 1926 über 5745 Kilometer).
Artikel 3: Minderjährige bedürfen einer schriftlichen Zustimmung ihrer Eltern. Artikel 4: Das Startgeld beträgt 10 Francs, für einzelne Etappen 5 Francs. Artikel 5: Fahrräder jeder Bauart sind zugelassen unter der Bedingung, dass sie nur mit Muskelkraft bewegt werden. Artikel 6: Die Prüfung findet unter Ausschluss von Trainern, Masseuren und Begleitpersonen statt. Artikel 7: Fahrzeuge jeder Art und Automobile sind ausdrücklich verboten. Artikel 8: Der Austausch des Fahrgeräts („machine“) ist erlaubt. Die Strecken müssen absolviert werden, ohne dass der Fahrer dabei seine „machine“ verlässt („sans quitter sa machine“), auch wenn er in den Bergen Teile zu Fuß absolviert. Dem Fahrer darf außerhalb der offiziellen Verpflegungsstellen von keinem Dritten geholfen werden. Artikel 10: Vor jedem Start wird ein Appell veranstaltet. Antwortet ein Fahrer nicht, wird er ausgeschlossen. Artikel 12: Bei jeder Kontrolle – außer bei fliegenden Kontrollen – ist der Fahrer gehalten, abzusteigen und eine Unterschrift zu leisten.

Spesen von 5 Francs pro Tag – Gesamtsieg 3000 Francs

Artikel 14: Nach der Ankunft in Paris darf der Fahrer 24 Stunden lang sich in keiner Weise öffentlich präsentieren oder etwa in einem Velodrom oder im Prinzenpark Runden fahren. Artikel 15: Die Prämien der Etappen. Von 700 Francs (Toulouse-Bordeaux) bis 1500 Francs (Paris-Lyon). Artikel 16: Prämie für den Gesamtsieg 3000 Francs. Weitere Staffelung 2000 – 1200 – 800 – 500 bis 25 Francs für den Fünfzehnten der Gesamtwertung. Artikel 19: Die ersten 50 eingetroffenen Fahrer erhalten 95 Francs für ihre Auslagen, was 5 Francs pro Tag entspricht – ausgenommen, sie haben mehr als 200 Francs Extraprämien gewonnen oder eine Etappe mit einem Schnitt langsamer als 20 Kilometer pro Stunde absolviert. Artikel 26: Die allergrößte Vorsicht wird den Radsportlern anempfohlen. Die Zeitschrift „L'Auto" kommt für keine Folgeschäden durch Unfälle auf. Artikel 27: Die Fahrer bezahlen alle Aufwendungen während der Tour selbst. „L'Auto" wird keine Schulden übernehmen.

Du sollst kein anderes Rad benützen!

Die Rennsportleitung will die Bedingungen für alle gleich machen und vor allem Betrug verhindern – das ist der Sinn von Regeln. Doch griff der heilige Bürokratius auch bei der Tour de France ein, und die Leidtragenden waren die Fahrer. 1907 und in den Jahren darauf war es verboten, sein Fahrrad auszutauschen. Emile Georget war der stärkste Fahrer, vor allem nach seinem Etappensieg von Grenoble. Doch auf der neunten Etappe von Toulouse nach Bayonne: Totalschaden. Georget nimmt ein anderes Rad. Das darf er nicht! Der Fahrer muss alle Schäden selbst beheben. Wie schwer das ist, wissen wir seit Eugène Christophe. Die Jury bestraft also den fünfmaligen Etappensieger Émile Georget mit einem hohen Punktabzug. Er wird trotzdem Dritter.

1928 hatte Nicolas Frantz, Träger des Gelben Trikots vom Start bis ins Ziel, auf der Etappe von Metz nach Charlesville einen Totalschaden. Frantz packte sich ein dastehendes Damenrad und fuhr damit einfach weiter. Als 42. ging er über die Ziellinie, verlor 28 Minuten, blieb aber Erster. Vielleicht hatte es ja niemand gemerkt. 1934 hatte Guy Lapébie bei Paris-Roubaix einen Defekt, fuhr mit einem anderen Gefährt weiter und kam vor Rebry ins Ziel. Doch er wurde disqualifiziert.

Mit dem Hinterrad auf dem Rücken

1921 gab es eine Neuerung: Der Fahrer musste defekte Teile, die er während der Etappe austauschte, am Ende der Rennleitung präsentieren. Léon Scieur hatte das Pech, ein neues Hinterrad einbauen zu müssen. Das hieß, das alte sich auf den Rücken zu schnallen und damit noch 300 Kilometer zu fahren – viel Spaß. Scieur wird ganz schön geflucht haben. Die Jury hingegen wird das Rad dankend quittiert und es auf den Müll geworfen haben. Hoffentlich musste Scieur nicht auch noch dabei zusehen …

Früher Umweltschutz

Es war gegen Strafe verboten, etwas wegzuwerfen: Punkt 48 des frühen Reglements und ein früher Vorbote des Umweltschutzes. 1923 warf Henri Pélissier einen defekten Schlauch an den Straßenrand, kassierte zwei Strafminuten. 1921 hatte er das schon einmal gemacht. 1924 auf einer Bergetappe, für die er sich mit zwei Hemden ausstaffiert hatte, warf er sein überflüssiges Trikot weg. Wieder setzte es zwei Strafminuten. „Aber es ist doch mein eigenes Trikot, kann ich nicht wegwerfen, was mir gehört?“, protestierte der Fahrer bei Tour-Chef Desgrange entgeistert.
Noch verblüffter wäre er, könnte er heute mit ansehen, wie bei der Tour de France Hunderte Trinkflaschen in den Straßengraben geschleudert werden, ohne dass es Strafminuten setzt. Doch dann liest man in den „Cycling regulations“ der „Union Cycliste Internationale“, des Internationalen Radsportverbands, vom 30. März 2006 über das Verhalten von Fahrern: „Fahrer dürfen ohne besondere Vorsicht (without due care) keine Nahrungsmittel, Beutel, Flaschen oder Kleider irgendwohin werfen.“ Wahrscheinlich ist das Schlupfloch „without due care“ – wer gut aufpasst, darf doch.

Wer als Erster sprintet, hat verloren

Radrennen auf der Bahn sind älter als Straßenrennen. Im Verlauf der Jahre sind komplizierte Regeln entstanden. Die älteste Disziplin ist der Sprint, deren erste Weltmeisterschaften 1895 (in Köln) stattfanden. Frauen machen das erst seit 1958. Es wird über drei Runden gefahren, die Zeit wird auf den letzten 200 Metern genommen. Da derjenige, der als Erster antritt, schlechte Karten hat – der hinten Fahrende kann im Windschatten Kraft sparen und, aus ihm ausbrechend, leichter gewinnen –, will jeder möglichst spät losjagen. Da kommt es dann zu Stehversuchen, bei denen die Fahrer sich belauern, unbeweglich auf dem Fahrrad. Nichts für schwache Nerven. Ein solches Patt soll einmal 21:57 Minuten gedauert haben. (Unsereins schafft das vor einer roten Ampel vielleicht einmal 1:57 Minuten lang.) Das sieht man auch in der Endphase von großen Radrennen – zwei Konkurrenten beäugen sich, fahren langsam, schauen nach hinten, ob das Feld nicht schon kommt (diese Taktik kann ins Auge gehen), und dann brechen beide los. Auf der Straße wie auf der Bahn werden dabei Höchstgeschwindigkeiten von 70 Kilometer in der Stunde erreicht.

Die Verfolgung

Die 4000-Meter-Einerverfolgung ist ein Zweikampf. Auf der Bahn starten die Duellanten jeweils in der Mitte der Gerade, einander gegenüberstehend. Dann geht es wild los. Die besten Zeiten liegen um 4:30 Minuten, und es kommt vor, dass ein Fahrer überrundet wird. Die Mannschaftsverfolgung über 4000 Meter gilt als Königsdisziplin der Bahnfahrer. Auch hier starten die Vierer-Teams auf der Mitte der gegenüberliegenden Geraden. Man muss schnell fahren, doch ein Supermann vorne muss nicht sein. Hier geht es um die Mannschaft, darum wird nach 4000 Metern die Zeit des dritten Fahrers gewertet. Es kommt vor, dass ein Mitglied des Quartetts „aussteigt“, doch nur, wenn zwei passen, ist das Team geplatzt. Die Fahrer flitzen mit hohem Tempo um die Bahn, zwischen Vorder- und Hinterräder liegen nur Zentimeter, das ist Maßarbeit. Bei den großen Straßenrennen wird die Zeit des fünften Fahrers gewertet. Das ist bei einem noch intakten Neuner-Team der mittlere Mann. Doch was passiert, wenn schon fünf Fahrer verletzt ausgeschieden sind?

Da versteht man keinen Spaß

Radsport ist eine ernste Sache. Humor ist da nicht gern gesehen. Bei der Tour de France 1977 machte sich der Niederländer Karstens einen Witz, stieg auf einer Flachetappe ab und spielte Gendarm, indem er seinen Kollegen mit dessen Gesten den Weg wies. Das kam nicht gut an. Die Tour-Direktion brummte ihm 10 Minuten Strafe auf.

Schlimmer erging es dem Schweizer Spaßvogel Castor Notter, der sich in den zwanziger Jahren einmal grinsend hinter einem Auto versteckte und so tat, als hänge er sich an, womit er die Rennkommissare provozieren wollte. Das gelang, leider: Er wurde wegen des vermeintlichen Sich-Ziehen-Lassens ein halbes Jahr disqualifiziert!

1991 wurde sein Landsmann Urs Zimmermann disqualifiziert, weil er vor der 12. Etappe mit dem Auto von Nantes nach Pau fuhr und nicht wie die anderen das Flugzeug nahm. Dass Zimmermann Flugangst hatte, spielte da keine Rolle. Dann aber zeigten sich seine Kollegen solidarisch und blieben, als sich in Pau die Startflagge senkte, einfach stehen – aus Protest gegen die Strafe für den Motorola-Fahrer. Nach Diskussionen durfte Zimmermann doch weiterfahren.

Angriff beim Pinkeln (1)

Nett war es von Heiri Suter, dass er in den zwanziger Jahren einmal auf seinen Freund Castor Notter wartete, der sich kurz in einen Wald verzogen hatte. Im Buch „Rennfahrer-Schicksale" heißt es: „Castor konnte einfach gewisse Dinge nicht, wie das beim Großteil der Rennfahrer der Fall ist, vom Rad aus erledigen." Die Gegner griffen während der Pinkelpause an, doch später holten die beiden sie wieder ein. Für Heiri Suter, den Schweizer Champion, setzte es eine Strafe mit der heute seltsam klingenden Begründung: „Nichtverteidigung seiner Chance".

Angriff beim Pinkeln (2)

Ungeschriebene Gesetze sind schön und edel. Sie sind der Rest von Fairplay in einem Sport, in dem der Erste zählt, der Triumph, die Sekunde und die Million vom Sponsor. Doch in der Hitze des Gefechts schlägt manch einer die ungeschriebene Regel in den Wind. Was soll's? Wenn der Sieg geholt ist, fragt ja doch keiner mehr, wie es kam. (Doch das rächt sich. Die Geschichte zeichnet alle Verstöße auf.)

1957 verlor der Luxemburger Charly Gaul den Giro durch eine Attacke seiner französischen Gegner, angeführt von Bobet und Géminiani. Sie nutzten Gauls Pause am Straßenrand, wo er Wasser ließ. Das war unfair, das macht man nicht. Bobet erhielt daraufhin vom Volksmund den Beinamen „Chéri-Pipi". Als der „Engel der Berge" im Jahr darauf, 1958, als erster Kletterer die Tour de France gewann, stieß er im Ziel die Worte hervor: „Das ist für die beiden Judasse!" Bei der „Tour" 2000 passierte es Laurent Jalabert gleich zweimal. Auf der fünften Etappe hatte er angehalten, um zu pinkeln – da nutzte Jens Voigt seine Chance und riss mit einem anderen Fahrer aus. „Das hat Klasse", ärgerte sich Jalabert sarkastisch über Voigt, das zeige „die wahre menschliche Größe dieses Fahrers". Am Tag darauf griff der Schwede Magnus Backsted mit einer Gruppe an, als Jalabert für Sekunden beim „Austreten" war. Seine Once-Mannschaft hatte ebenfalls gehalten. Jalabert verlor das Gelbe Trikot. Doch an den paar Sekunden Pinkeln wird es nicht gelegen haben.

Angriff beim Essenfassen

1950 gewann Fausto Coppi durch eine nicht sehr feine Geste das traditionsreiche Rennen Paris-Roubaix. Bei einem Verpflegungspunkt, als die anderen Fahrer bremsten, um ihr Päckchen entgegenzunehmen, stopfte er sich rasch die Brocken, die ihm sein Domestik hinhielt, in die Trikottaschen und raste los wie ein Zyklon. Damit zerstörte er den Rhythmus seiner Mitfahrer, hatte schnell einen hübschen Vorsprung und gewann schließlich.

Man ist brav auf der letzten Etappe der Tour – oder nicht

Der letzte Tag der Tour de France ist traditionell ein ruhiges Dahinpedalieren auf Paris zu. Das Ding ist gelaufen, es geht noch um den Spurtsieg auf den Champs-Elysées, aber man reitet keine Attacken mehr. Das tut man nicht. Aber keine Regel ohne Ausnahme; und auch ungeschriebene Regeln kennen Ausnahmen.

1947 passierte es. Jean Robic, der Herr mit der Lederkappe, und Édouard Fachleitner überholten auf der Schlussetappe den führenden Italiener Pierre Brambilla – er steckte 13 Minuten Rückstand ein – und raubten ihm den Sieg. Brambilla wurde nur Dritter und soll, wie man sich erzählt, danach wütend sein Rennrad im Garten vergraben haben. Mit Robic sprach er 20 Jahre lang kein Wort mehr. Anscheinend hatte Robic die Prämie für den Etappensieg seiner Verlobten als Hochzeitsgeschenk versprochen. In einer anderen Quelle heißt es ergänzend, Robic habe seinem Kollegen Fachleitner für die Hilfe 100 000 Franc zugesagt. Das klingt nach einem Haufen Geld. Da musste beim Tour-Sieg schon mehr herausgesprungen sein.

Sehr fair

Doch dann gibt es Episoden, die einem den Glauben an den Menschen wieder herstellen. So, als Jan Ullrich bei der Tour de France 2003 bei Luz Ardiden in den Bergen wartete und unschlüssig langsam fuhr, weil Lance Armstrong gestürzt war. Der rechte Bremsgriff des Texaners hatte sich in der Schlaufe der Tragetasche eines kleinen Jungen verfangen. Ullrich wollte das nicht ausnützen, zumal Armstrong zwei Jahre zuvor gewartet hatte, als der Deutsche auf der Abfahrt vom Peyresourde einen spektakulären Salto in eine Schlucht gemacht hatte. Oder Marco Pantani, der beim Giro d'Italia als Kapitän auf seinen Fahrer Stefano Garzelli wartete, ihm eine Trinkflasche brachte, ihm assistierte – und dann erst wieder einen seiner berüchtigten Angriffe startete.

Reglement der Tour 2005

Die 92. Tour de France fand vom 2. bis 24. Juli 2005 statt. Es starteten 21 Mannschaften zu je 9 Fahrern. Ein Auszug aus den Bestimmungen folgt. Artikel 4: Alle Fahrer können sich gegenseitig Hilfe leisten wie: Austausch oder Abgabe von Nahrung, Getränken und Accessoires. Jedoch ist die Herausgabe oder der Austausch von Laufrädern und Fahrrädern nur Fahrern innerhalb eines Teams erlaubt. Artikel 8 (Aufgabe): Jeder Fahrer, der das Rennen aufgibt, muss seine Startnummern beim Kommissar des Besenwagens abgeben. Artikel 14 (Zeitnahme): Bei der Ankunft erhalten alle Mitglieder desselben Pelotons dieselbe Zeit. (Man fragte sich als Neuling im Radsport ja oft: Wie können sie in einem Peloton aus 50 Fahrern die Zeit jedes einzelnen stoppen?)

Dann heißt es noch: „Die Tour de France muss sich wie alle radsportlichen Ereignisse, zumal sie deren bedeutendstes ist, einigen Vereinbarungen unterwerfen: präzise geschriebenen Regeln; dem Respekt vor den Offiziellen; der Chancengleichheit; und dem entschiedenen Kampf gegen Betrug, Korruption und Machenschaften, die nichtsportlichen Mitteln zum Sieg verhelfen. Jeder Radsportler, an welchem Platz der Hierarchie oder des sportlichen Niveaus er steht, ist gehalten, diesen sportethischen Code zu respektieren. Andernfalls führt er seinen Sport in die Perversion und in die Dekadenz." Mehr davon im folgenden Kapitel.

VI. Die Tricks

Tricks sind erlaubt, und manchmal streifen sie die Illegalität. Aber ist es illegal, wenn ein Fahrer Schwäche oder Resignation simuliert? Andere „Tricks“ sind rechte Schurkereien, doch muss jeder selbst darüber urteilen.

Böse Sachen aus der Frühzeit

Bei der Tour de France 1904 herrschte anscheinend fröhliches Hauen und Stechen. Die Fahrradfirmen zahlten Saboteure, die Rahmen ansägten, Getränke vergifteten, in Fahrradtrikots hautreizende Substanzen unterbrachten oder Nägel verstreuten. Auch wurden schon mal Fahrer von Autos von der Straße gedrängt. Es war ohnehin eine Skandaltour, die zweite. Die vier Erstplazierten hatten ein Stück Wegs mit der Bahn zurückgelegt und wurden disqualifiziert. Unter ihnen war auch der große Maurice Garin. Tour-Erfinder Henri Desgrange dachte, dass die Rundfahrt damit gestorben wäre. So war es nicht, und Desgrange erhielt sogar ein Denkmal auf dem Galibier.

Der schlaue Bildhauer

Sich mit einem Zug oder einem Auto ein Stück transportieren zu lassen, kam früher häufig vor. Beim Giro d'Italia 1925 präsentiert sich der Bildhauer und Ex-Berufsboxer Luigi Rappi und prahlt: „Ich habe erst vor einer Woche mit dem Fahrrad angefangen, aber bei meinem Körperbau – kein Problem.“ Zur Verblüffung aller beendet er die erste Etappe Mailand-Turin als 35. von 120 gestarteten Fahrern. Dann aber kam ans Licht, dass er Abkürzungen benutzt und den größten Teil der Strecke am Wagen eines ambulanten Verkäufers angehängt zurückgelegt hat, dem er eine Flasche Wein versprochen hatte. Rappi musste genauso disqualifiziert werden wie ein gewisser Paolo Pedrana, der sich verirrt hatte und einfach eine Fähre über den Po nahm, um rechtzeitig am Ziel zu sein.

Die simulierte Kollision

Im Jahr darauf hatte Giovanni Gerbi, der Rote Teufel (Diavolo Rosso), einen schicken Trick bei der 230 Kilometer langen Lombardei-Rundfahrt drauf. Er wich vor den schlammigen Straßen auf die Bahnschienen aus und holperte gut dahin, und kurz vor einer Weiche sprang er mit dem Fahrrad wieder auf die Straße. Cuniolo, der nachfolgende Fahrer, blieb weiter auf Kurs, doch bei der Weiche stürzte er, und so erging es auch den nächsten Fahrern. Gerbi war unversehrt geblieben und hatte am Ende einen schönen Vorsprung von 40 Minuten. – Diese Geschichte wird auch so erzählt, dass Gerbi vor einer Engstelle, die er kannte, einen Defekt simulierte. Die Konkurrenten fuhren schnell weiter, doch als es eng wurde, gerieten sie auf Tuchfühlung und stürzten. Gerbi schlängelte sich durch die gestürzten Fahrer und Fahrräder lässig hindurch und fuhr weiter.

Ein Aristokrat kauft sich Hilfe

1907 zur fünften Tour de France dachte sich der reiche Aristokrat Pépin de Gontaud etwas aus – diesmal nichts Böses. Er engagierte einige Radsportler gegen Lohn, die ihm helfen sollten. So einfach war eine Tour de France damals auch nicht, und so fuhr der gute Pépin nach ein paar Etappen mit dem Zug heim. Es war ihm zu anstrengend gewesen. Doch mit seiner Aktion hatte er zum ersten Mal eine Art Mannschaft eingeführt, und dieser Gedanke gefiel. Bis 1930 sponserten Fahrradfirmen die Teams, dann starteten bei der Tour Nationalmannschaften, und 1962 gingen dann Markenteams ins Rennen.

Pfffft!

1913 erläuterte das „Sport-Album der Radwelt“ einen Trick: das „Nachahmen des Geräusches von Reifenschäden. Viele Fahrer haben in dieser Nachahmung eine gewisse Meisterschaft erlangt und nicht nur die Neulinge, sondern auch die ganz Schlauen fallen noch darauf hinein. Wenn das ‚Pffssst-st-st-st-st‘ ertönt, blicken fast alle erschreckt nach ihren Reifen, und wenn der Imitator in diesem Augenblick antritt, kann er unter Umständen seine Gegner abhängen. Dieser Trick ist auch im Bahnrennen oft mit Erfolg angewendet worden.

Alt und plump ist der Trick, einem Fahrer zu sagen: ‚Du hast Reifenschaden' und den Augenblick, in dem der Erschreckte seinen Reifen nachsieht, zum Ausreißen zu benutzen."

Der Lauscher an der Wand

Im selben Artikel gibt das Sport-Album eine Geschichte aus einem kleinen sächsischen Radrennen wieder. Ein Fahrer habe sich unter der Plane eines Autos versteckt, um „mit Hilfe der Pferdekräfte an die Spitze zu gelangen, aber der Wagen war nicht schnell genug, und als er mit seiner geheimnisvollen Last die vorn liegende Gruppe passieren wollte, hielten sich die Fahrer an ihm fest und fuhren mit Freilauf ihr ‚Rennen' weiter. Durch diese ‚Anhänglichkeit' seiner Gegner war es dem unter der Decke schwitzenden Fahrer nicht möglich, sein Versteck zu verlassen und außerdem war ihm die Möglichkeit eines Einspruches gegen die ‚Freiläufer' wegen Benutzung verbotener Hilfsmittel genommen worden. Die Sache endete mit Disqualifikationen bis zu einem Jahr und Ungültigkeitserklärung der sonderbaren Fahrt."

Ein Trick am Bahnübergang

Zum dritten Mal das Sport-Album der Radwelt, aus dem Artikel „Künste und Kniffe der Straßenfahrer". Bei den Kniffen wird von einem Fahrer erzählt, der allein an der Spitze lag und an eine Bahnschranke kam, „die der Schrankenwärter gerade schließen wollte. Der Fahrer rief dem Wärter zu, die Schranke noch einen Augenblick offen zu lassen, und als er die andere Seite erreicht hatte, gab er dem Wärter drei Mark mit der Weisung, die Schranke noch fünf Minuten nach der Durchfahrt geschlossen zu halten." Der Beamte wusste nichts von dem Rennen und hielt sich an den Pakt; der Spitzenfahrer „erlangte durch den Trick einen großen Vorsprung, gewann aber das Rennen nicht, weil er zu Fall kam und das Rad bei dem Sturze zerbrach". Das Leben kann manchmal auch gerecht sein.

Pech am Bahnübergang

Aber auch ungerecht kann es manchmal sein – wie beim Rennen Paris-Roubaix 2006. Die 104. Auflage gewann der Schweizer Fabio Cancellara, aber es gab ein unerfreuliches Vorkommnis an einer Bahnschranke kurz vor dem Ziel: Der spätere Sieger lag vorn, und dann kamen zwei Dreiergruppen. Die Schranke senkte sich langsam, und Hoste, Van Petegem und Gussew huschten noch vor dem sich langsam nähernden Güterzug durch. Sie wurden disqualifiziert, denn laut Reglement dürfen Radrennfahrer geschlossene Bahnschranken nicht passieren. Es flossen Tränen. Die nächsten drei – Tom Boonen, Ballan und Flecha – hatten Glück. Zwar war die Schranke immer noch unten, als sie weiterfuhren, doch der Zug war ja schon vorbeigefahren.

Coppi als Schauspieler

Manche Rennfahrer könnten auch vor der Kamera eine gute Figur machen. 1953 glauben beim Giro d'Italia vor der entscheidenden Etappe am Stilfser Joch alle an den Schweizer Hugo Koblet. Er hat immerhin zwei Minuten Vorsprung vor Coppi, dem „Campionissimo". Fausto lässt sich vernehmen, die Sache sei gelaufen, man könne nichts mehr machen. Dann lässt er Taten folgen und winkt den Kellner her. Coppi isst kräftig, darunter Pasta und Bohnen, eine Todsünde für jeden Radfahrer. Da sehen es nun alle: Fausto Coppi gibt den Giro verloren. Und das war sein Ziel. Denn am nächsten Morgen ist er hellwach, schickt seinen Helfer Carrea vor, jagt hinterdrein, erwischt Koblet auf dem falschen Fuß und hat auf dem Pass 1 Minute und 29 Sekunden Vorsprung. Coppi gewinnt den Giro 1953.

Den „Oscar" für Armstrong!

Bei der ersten Alpenetappe der Tour de France 2001 sah es schlecht für Lance Armstrong aus. Jan Ullrich legte vorn über den Col de la Madeleine und den Glandon einen Zahn zu, und der texanische Sieger von 1999 und 2000 hing am Ende einer kleinen Spitzengruppe fest. Sein Gesicht spiegelte die Anstrengung wider, und er fuhr unruhig. Das blieb dem Team Telekom nicht verborgen – es machte vorn weiter Dampf. Doch dann, am Schlussanstieg, war Armstrong plötzlich wie neugeboren. Er fuhr an die Spitze, erhöhte das Tempo, bis er nur noch Jan Ullrich, Joseba Beloki und Christophe Moreau vor sich hatte. Dann drehte er sich um, sah seinen Gegnern in die Augen, schoss los – und gewann die Etappe mit zwei Minuten Vorsprung vor Jan Ullrich. Hatte der Amerikaner tatsächlich eine Schwächeperiode gehabt? Das glaubte keiner. Wer am Berg wirklich in die Krise gerät, hat keine Chance, sich zu erholen. Und dann dieser Antritt ...

Die heilsame Wut

Psychologisch geschickt ist auch Udo Bölts vorgegangen, als er den berühmten Radsportspruch „Quäl dich, du Sau!" zu seinem Kapitän Jan Ullrich hinüberschrie. Es war die 18. Etappe der Tour de France 1997 von Colmar nach Montbéliard, als Jan Ullrich mit 6 Minuten 22 Sekunden Vorsprung vor Richard Virenque im Gelben Trikot fuhr. Doch eine Ausreißergruppe mit Hervé, Rous, Virenque, Pantani, Olano, Escartin, Casagrande, Julich und Jìmenez – die Crème – nahm ihm rasch 1 Minute ab.

Willy Voet, Festina-Masseur, erzählte ergänzend, plötzlich habe niemand mehr mit Festina zusammenarbeiten wollen, um Ullrich den Rest zu geben. Virenque habe sogar Geld geboten, aber zu wenig. Dann habe er frustriert seine beiden Helfer Hervé und Rous gebremst, statt sie attackieren zu lassen. Bölts machte Tempo, sah seinen Chef in der Krise und machte ihm Druck. Es ist nicht das Schlechteste, jemanden in Wut zu versetzen; damit werden ungeheure Kräfte frei. Ulle gewann seine Tour. Auch Marco Pantani war dann gut, wenn er wütend war und sich geärgert hatte.

Der Zauderer

Luis Ocaña griff auf der fünften Etappe der Tour de France von Saint-Gaudens nach Saint-Lamy an. Der Col de Portillon. Und anscheinend schrie da Çyrill Guimard den zaudernden Lucien van Impe an, er solle sich auf die Socken machen. Joop Zoetemelk dachte, dass sein belgischer Kollege wieder einmal nur auf die Bergpunkte spekulierte und blieb bei Delisle, dem Träger des Gelben Trikots. Doch dieses

Mal dampfte Van Impe hinter der Lokomotive Ocaña den Berg hoch bis zum Schlussanstieg, wo er auch noch stärker war und die Etappe gewann. Das hieß auch das Gelbe Trikot, das Van Impe nicht mehr hergab. Doch wenn Guimard nicht geschrien hätte …

Blei in der Trinkflasche

Auf den Bergen muss man die Sekunden holen! Ich bin schneller, wenn ich leichter bin. Doch bei der Abfahrt – da müsste man schwerer sein. Jean Robic, von dem wir schon gehört haben, war ein leichter Fahrer. Zu leicht, fand er. Sechs Jahre nach seinem fragwürdigen Triumph auf den Champs-Elysées, also 1953, hatte sein Sportlicher Leiter Le Calvez den Einfall, eine Aluminium-Trinkflasche mit Blei vollzugießen. Das brachte 9 Kilogramm Zusatzgewicht. Im Tal tauschte er die Flasche gegen eine normale ein, durfte sich dabei aber nicht erwischen lassen: Verpflegungsaufnahme war nur in bestimmten Zonen erlaubt. Ungewöhnliches Vorgehen, aber wirkungsvoll: Robic gewann beide Pyrenäentage vor Louison Bobet und fuhr die 12. Etappe sogar in Gelb.

Der 1933 geborene italienische Fahrer Aldo Moser, der immerhin 15-mal den Giro d'Italia beendete, goss sich ebenfalls Blei in seine „Borraccia", die Trinkflasche. Er wollte es beim Training härter haben. Doch die schwere Flasche drückte ihm den Flaschenhalter weg. Also musste er die Flasche mit Bändern festzurren, denn er wollte unbedingt mehr leiden, um danach beim Rennen schneller zu sein.

Tricks mit der Trinkflasche

Einen genialen Trick dachte sich der deutsche DDR-Vierer für das Straßenrennen der Olympischen Spiele in Rom 1960 aus: Man wollte nur mit je einer Trinkflasche starten, um Gewicht zu sparen. So schrieb's Gustav „Täve" Schur in seinen Memoiren. Das ging in die Hose, oder eher war's das Gegenteil: Die Fahrer trockneten aus, hatten keine Reserven mehr und retteten sich völlig ausgelaugt zweieinhalb Minuten nach den Italienern ins Ziel. Es reichte immerhin für die Silbermedaille.

1963 wollte ein gewisser Anquetil, der bei der Tour in Gelb fuhr, schneller die Berge hochfahren können. Sein Berater Géminiani –

auch den kennen wir bereits – hatte sich da ein besonderes Manöver ausgedacht. Vor dem Berg Forclaz tat Anquetil so, als habe er einen Defekt. Dann nahm er ein anderes Rad, das sehr leicht war, und fuhr auch mit Leichtigkeit hoch.
Anquetil soll auch vor jedem Berganstieg die Trinkflasche von seinem Fahrrad genommen und sich ins Trikot gesteckt haben. Der gesunde Menschenverstand würde sagen, dass das unsinnig sei; doch der Fahrer glaubte an die Trennung Fahrrad/Mensch, und er hatte nun sein Fahrrad leichter gemacht, was ihm helfen würde. Und das war ja Jacques Anquetil, einer der Besten. (Anmerkung: Der niederländische Autor Tim Krabbé schreibt in seinem wunderbaren Buch „Das Rennen", er habe nach dieser Geschichte darauf geachtet. Und auf allen alten Fotos, die Anquetil beim Klettern zeigten, habe die Flasche im Halter gesteckt. Resümee des Autors: Die Geschichte treffe die Seele des Rennfahrers, also sei sie wahr.)

Hat sich gelohnt
Der Fahrer darf sich nicht anschieben lassen, nicht im Windschatten von Fahrzeugen fahren, sich nicht an ihnen anhängen. Man kann es trotzdem probieren, darf sich nur nicht erwischen lassen. Kalkuliertes Risiko. Der Italiener Angelo Conterno wurde erwischt, doch es schadete ihm nicht. Bei der 11. Vuelta 1956 lag Conterno 43 Sekunden hinter Jesús Loroño, der sich packende Duelle mit Federico Bahamontes in den Bergen geliefert hatte. Conterno, so wurde geklagt, habe sich von Landsleuten und von Schweizer Radrennfahrern auf der letzten Etappe zum Gipfel hochschieben lassen, während Loroño weit vorn fuhr und nichts mitbekam. Die Kommissare des Rennens bekamen die illegale Hilfe mit und belegten Conterno mit einer lächerlichen Zeitstrafe von 30 Sekunden. Das war der Sieg mit 13 Sekunden Vorsprung.

Auch für Magni
Der aufstrebenden Radsporthoffnung Fiorenzo Magni ging es beim Giro d'Italia 1948 genauso. Fans schoben ihn Teile des Pordoi hinauf, so dass er mit Müh' und Not sein Rosa Trikot retten konnte. Die Jury

bestrafte ihn zwar wegen der Hilfsdienste, die er zugelassen hatte, aber so milde, dass er weiter in Rosa fuhr. Fausto Coppi und Gino Bartali verließen wutentbrannt das Rennen, Fausto wurde sogar vom nationalen Verband gesperrt und konnte nicht an der Tour teilnehmen. Das hatte er ohnehin nicht vorgehabt.

Tricks von oben

Apropos Radrenn-Kommissare und Organisatoren: Es ist in 115 Jahren Radrennen auch oft genug vorgekommen, dass sie bei der Streckenplanung gewisse Hintergedanken hatten. Man wollte einen Spitzenfahrer aus dem eigenen Land gern als Sieger sehen, und wenn man wusste, dass er ein guter Bergfahrer war, plante man harte Bergetappen ein. Oder anders – man schob für einen guten Zeitfahrer mehr Zeitfahren als sonst ein. Dann liegt es an dem betreffenden Fahrer, seine Chance zu nutzen.

Ich brauch' 'ne neue Mütze

Von hinten sieht man manchmal mehr. Hinten fährt der Besenwagen („voiture de balai" bei der Tour de France), und dessen Fahrer sammelt die ein, die nicht mehr können und außerhalb des Zeitlimits liegen. Bei der Tour de France wurde er zum ersten Mal 1910 eingesetzt, denn als man den Col du Tourmalet, den Col d'Aspin und den Peyresourde im Programm hatte, musste jemand die Fahrer mitnehmen, die nicht mehr weiterkonnten. Er hatte einen echten Besen auf dem Dach, und lange Zeit wurde das Voiture de balai vom Verband der Staubsaugerhersteller der Region Paris-Rhone gesponsert. Vielleicht hielten deshalb viele Zuschauer den Besenwagen für einen Bestandteil der Werbekarawane.
Marco Morelli, der 2003 bei der Tour de Suisse dieses ungeliebte Fahrzeug fuhr und zudem „Rennkommissär" war, sagte in jenem Jahr: „Letztes Jahr lagen in einer Steigung auf kürzester Distanz rund ein Dutzend Telekom-Mützen auf dem Boden. Da war mir sofort klar, warum." Ein paar Profis hatten sich unter dem Vorwand, eine neue Mütze zu brauchen, anscheinend stets für einige Sekunden am Begleitwagen angehängt. Sie holten eine Mütze,

warfen sie wieder weg und besorgten sich eine neue. Das half ein wenig weiter.

Sich reinmogeln

Bei Bahnrennen gibt es auch beliebte Tricks, etwa das „Tauchen". Man kann eine oder mehrere Runden auslassen, ohne dass es jemand merkt. Wirkungsvoller ist das noch, wenn man einen Defekt vortäuscht. Auch bei Straßenrennen kommt das vor. Willy Voet hat erzählt, wie ein Fahrer, ein belgischer Landsmann, 1979 bei der Deutschland-Tour sich geschickt zwischen einem Ausreißer und einer Zwölfer-Gruppe hineinmogelte, als gerade eine tote Phase des Rennens war und kein Aufpasser sich zeigte. Der Belgier wurde Sechster.

VII. Doping

Man muss beim Radsport auch vom Doping sprechen. Hätte man öfter tun sollen. Jemand trickst, gefährdet dabei seine Gesundheit und gibt sich der Illusion hin, es herrsche eigentlich Waffengleichheit, da alle die Chance haben, sich zu dopen. Aber eines stimmt: Doping hat den Radsport immer begleitet. Jacques Anquetil hat einmal gesagt, Amphetamine würden seit 50 Jahren genommen, freilich gehe es auch ohne, aber dann mit einem 25-Kilometer-Schnitt. Was die Freizeitfahrer beruhigt. Doch fangen wir in der gemütlichen Frühzeit der Rennen an.

1914: Doping ohne Augenmaß

Schon 1914 heißt es in einem Kommentar über die Fahrer des Giro d'Italia: „Einige haben die Angewohnheit, Drogen zu nehmen, aber sie tun das nicht mit Augenmaß, und daher kommen ihre unausgewogenen Aktionen, ihre kurzen brillanten Phasen, die plötzlichen Einbrüche, die unvermeidlichen Aufgaben. Unser Radsport muss sich einer lückenlosen wissenschaftlichen Therapie stellen. Dann erst werden Sportler wie Azzini oder ein Girardengo auch bis zum Schluss wunderbare Leistungen erbringen." Spitzenfahrer Costante Girardengo hatte sich nämlich vor Mailand zurückgezogen.

Die Pélissiers packen aus

Henri Pélissier hatte 1923 die Tour de France gewonnen und wollte seinen Titel 1924 verteidigen, doch das ging nicht gut. Nachdem Henri sein Trikot weggeworfen hatte, musste er eine Art Leibesvisitation über sich ergehen lassen und rastete aus: „Wir sind freie Menschen!" So schrie er und überredete seinen Bruder Francis sowie Maurice Villa, auch aufzuhören. Und dann packten sie vor dem Journalisten Albert Londres aus – und ganz wörtlich. Sie öffneten ihre Taschen und zeigten Kokain, Chloroform und eine Menge Pillen, von denen einige „Dynamit" hießen. Wie Zirkustiere würden sie behandelt. Londres schrieb den berühmten Artikel „Les Forçats de la Route" (Die Sträflinge der Landstraße). Die Brüder fuhren keine Tour de France mehr, aber das strenge

Reglement wurde ein wenig gelockert, damit die Tour weniger Tortur war und man nicht mehr so viele Pillen brauchte.

Der magische Cocktail der Vuelta

Die erste Vuelta d'Espana fand 1935 statt, kurz vor dem spanischen Bürgerkrieg. Sie war lang: 3425 Kilometer. Für die meisten Fahrer war es das härteste Rennen, das sie bislang absolviert hatten. Von Training hielt man damals wenig, mehr dafür von einem magischen Cocktail, den ein gewisser Perico Chicote am besten zubereitete. Zutaten waren Orange Bitter, Grand Marnier, Cordón rojo, Curaçao naranja, englischer Gin und ein halbes Gläschen italienischer Wermut. Das half den Fahrern, die erste Vuelta vom 29. April bis 14. Mai zu überstehen. Nur der Schnitt litt etwas – er lag bei 28 Kilometer pro Stunde, und das kann am magischen Cocktail gelegen haben.

Der tiefe Blick in die Augen

1951 war auch noch ein ruhiges, beschauliches Jahr. Der schöne Schweizer Hugo Koblet, der immer Kamm und Erfrischungstuch bereit hatte, gewann die Tour de France dieses Jahres. Im Ziel in Paris hatte er 22 Minuten Vorsprung. Da gab es auch die obligatorische Dopingkontrolle durch keinen Geringeren als den Tour-Direktor Jacques Goddet. Er schaute dem Sieger tief in die Augen. Koblets Pupillen hatten die normale Größe. Glück gehabt.

1964 bei den Olympischen Spielen in Tokio schaute Adriano Rodoni jedoch einfach weg. Der Präsident des Weltradsportverbands UCI (Aigle, Schweiz) verbot den Anti-Doping-Test für den Goldmedaillensieger im Sprint. Das soll auf Unverständnis gestoßen sein. Wieso? Der Sieger hieß Giovanni Pettenella, ein Landsmann Rodonis. Wer da nichts Schlechtes denkt.

Absinth und Bier

Amphetamine gegen die Müdigkeit und Kokain gegen den Schmerz waren die Regel, doch die Fahrer schworen auch auf Absinth, der heute verboten ist und Van Gogh und Joseph Roth dem Grab nahe brachte. Bier ist dagegen harmlos, doch für Sportler nicht zu empfehlen. Auf der fünften Etappe der „Tour“ 1952 von Roubaix nach Namur in Belgien nahm Van Steenbergen – wie andere Fahrer auch – etliche Gläser kühlen Biers von seinen Landsleuten an und traf nicht nur nach Kontrollschluss, sondern auch angetrunken ein. Ihm wurde zwar verziehen, doch er gab am folgenden Tag das Rennen auf.

Im Chemielabor?

Über 1955 heißt es in dem Tour-de-France-Buch von Schröder und Dahlkamp (und das muss man zitieren): „Auch die 42. Ausgabe der Tour de France hatte sich mit der Dopingfrage zu befassen, nachdem Sportkommissare Fahrer und Begleiter in ihren Zimmern aufgesucht und den Eindruck gewonnen hatten, sie seien in Chemielabore bzw. in eine klinische Intensivstation geraten.“ Der Schweizer Ferdi Kübler fuhr auf der elften Etappe zum Mont Ventoux im Zick-Zack. Er hatte Sehstörungen. Am nächsten Morgen gab er die Tour auf und erklärte sogar das Ende seiner Karriere.

Jean Malléjac landete im Straßengraben. Noch vor dem Transport ins Krankenhaus erwachte der Vizesieger von 1953 plötzlich und trat, in völliger geistiger Verwirrung und am Boden liegend, mit den Beinen, als führe er immer noch.

Pendel und Homöopathie

Nein, kein Doping war es, was Antonin Magne betrieb, früherer Tour-de-France-Sieger und Sportlicher Leiter von Raymond Poulidor. Nach dessen Schilderung nahm Magne bei jedem Fahrer nach der Etappe den Puls und bewegte dann ein Pendel über zwanzig hintereinander aufgestellten Fläschchen hinweg. Wo das Pendel ausschlug, da tröpfelte er einiges auf ein Zuckerstück. „Homöopathie nennt man das“, sagte dazu Poulidor.

Die Epo-Epoche

Lucho Herrera, 1961 geboren, wurde nie ein Champion. Anfang der neunziger Jahre zog er sich zurück. Dabei tat der den bemerkenswerten Ausspruch, der auf die Epo-Epoche gemünzt war, die dieses Jahrzehnt werden sollte: „Als ich sah, wie Fahrer mit fetten Hintern die Berge wie Flugzeuge hochflogen, da hatte ich verstanden. Es war besser, aufzuhören."

Offiziell gedopt?

Der 1955 geborene Schweizer Gilbert Glaus wurde 1978 Straßenweltmeister bei den Profis. Er stand zwar laut Anti-Doping-Test unter Amphetaminen, doch die UCI-Jury ließ Gnade vor Recht ergehen, weil der deutsche Dopingexperte Manfred Donike 14 Tage Zeit für die Gegenanalyse wollte; das hielt die UCI für einen Verfahrensfehler. Sie wollte die Analyse schneller haben. Gilbert Glaus gewann 1986 das berühmte Rennen Bordeaux-Paris.

Tyler Hamilton triumphierte am 18. August 2004 in Athen beim Einzelzeitfahren: olympisches Gold! Einige Wochen später wurde bekannt, dass seine Dopingprobe positiv war. Da die B-Probe falsch gelagert und unbrauchbar geworden war, blieb eine Verurteilung aus.

Ein Inder kann nicht Chinesisch

Der Olympiasieger des 190 Kilometer langen Straßenrennens der Spiele von Los Angeles 1984, Alexi S. Grewal, hätte eigentlich gesperrt sein müssen. Zehn Tage vor dem Rennen erst hatte er sich für das US-Team durch einen Sieg bei der Colorado-Rundfahrt qualifiziert, doch Grewal, Sohn eines indischen Sikhs und einer Britin, war mit Phenylethylamin gedopt. Die normalerweise übliche Sperre von 30 Tagen wurde nicht verhängt, da der unter Asthma leidende Grewal die chinesischen Schriftzeichen auf dem Arzneipäckchen nicht habe lesen können, hieß die Begründung.

Glück im Unglück?

In den neunziger Jahren, besonders von 1994 bis 1998, wurde kräftig gedopt. Das schildert Willy Voet, der belgische Masseur, der 1998 mit einem Auto voller Dopingmittel an der Grenze geschnappt wurde und den Festina-Skandal auslöste. Die Fahrer hätten der Maxime gehuldigt, wenn man sie nicht ertappe, sei ja alles in Ordnung, dann seien sie praktisch unschuldig. Es gab dennoch die Angst vor den Kontrollen. Auch schon früher. 1978 hatte der Fahrer Michel Pollentier eine solche durchzustehen, und wie oft ein mit fremdem Urin gefülltes Präservativ bei sich, fest zwischen die Hinterbacken geklemmt. Doch der Schlauch war durch Sabotage blockiert worden, die Flüssigkeit floss nicht, und er weigerte sich, sich auszuziehen. Zwei Monate Sperre.

Auch andere können nicht

Nach einer harten Etappe für die Kontrolle noch Wasser lassen zu müssen, kann zum Problem werden. Der Italiener Dante Rezze kam 1989 bei der Vuelta in Spanien völlig dehydriert an, und es kam kein Tropfen. Die Kontrolleure ließen ihn nicht aus den Augen, was nicht gerade dazu beitrug, dass er sich erleichtern konnte. Bei der Tour de France 2000 hatte Marcel Wüst im Ziel dasselbe Problem. Er hatte schon 40 Kilometer vor dem Ziel gepinkelt und klagte: „Man verlangt heute von den Fahrern ja immer mehr Urin."

Dafür wird geschwitzt

„Ich glaube, all die vielen Schweißtropfen, die auf dieser Etappe vergossen wurden, hätten einen Bottich von ansehnlichen Ausmaßen bis zum Rand gefüllt. Mir jedenfalls rann der Schweiß in Strömen vom Körper." Das sagte Erich Hagen über die DDR-Friedensfahrt 1960. Er hat Recht. Bei einer Tour de France verliert das gesamte Peloton vermutlich 30 Tonnen Schweiß, hat Javier Garcìa Sanchez einmal errechnet. Da weiß man dann, warum nicht mehr viel Wasser im Körper ist.

Eine entschlossene Frau

Ein anderer belgischer Fahrer hatte 1979 für Alpe d'Huez Amphetamine genommen. Leider Kontrolle. Voet schaffte es, ihm eine Ampulle mit reinem Urin zuzuspielen, doch dafür musste der Arzt ein paar Minuten abgelenkt sein. Doch der passte auf wie ein Schießhund; keine Chance. Die schöne Frau des Fahrers sagte zu Voet mit leichtem Zynismus: „So lernt mein Mann wenigstens etwas." Voet betete schon – dann, hinter seinem Rücken, plötzlich Lärm. „Eine Frau ist ohnmächtig geworden, zu Hilfe!" Die Frau des Fahrers war umgekippt. Gerade rechtzeitig, um ihren Mann zu retten. Das nennt sich Geistesgegenwart.

Der falsche Saft

Pech aber hatte Sean Kelly, der bei dem Rennen Paris-Brüssel 1984 Dritter wurde und zur Dopingkontrolle musste. Er bediente sich des Urins seines Mechanikers, und – wie Voet betont – für bekannte Fahrer war es immer etwas leichter, eine falsche Probe abzugeben. Der Arzt will womöglich ein Autogramm, und die Verehrung tut das ihre, damit der Doktor nicht genau aufpasst. Doch dieses Mal gab es eine Überraschung: Einige Tage später bekam Kelly einen Brief der UCI, er sei positiv auf Stimul getestet worden, ein Amphetamin. Ein Interview des Mechanikers ergab: Er hatte das Mittel eingenommen, um eine lange Autofahrt besser bestehen zu können.

Der schwangere Rennfahrer

Und dann gibt es noch die nette Geschichte des Rennfahrers, Rentmeester soll er geheißen haben, der es mit dem Urin seiner Frau probiert hatte. Das Ergebnis war: Der Mann ist schwanger. Schwer, sich da rauszureden. Oder die andere Geschichte des Radrennfahrers, dem Koffein im Blut nachgewiesen wurde. Er habe ein paar Espressi in sich hineingekippt, rechtfertigte er sich. Bis ihm dann nachgewiesen wurde, bei diesem Niveau hätte er 49 oder 64 Espressi trinken müssen. Oder 112. All diese Geschichten kursieren, und manchmal muss man mit dem Italiener sagen: „Se non è vero, è ben trovato." Wenn es nicht wahr ist, dann ist es gut erfunden.

Die Anti-Liste

Eigentlich sollte man mit Doping keine Scherze treiben. Es gibt Dutzende ungeklärte Todesfälle von meist jungen Radrennfahrern. Das sind die echten Dopingopfer – oder auch Fahrer wie Charly Mottet, von dem Willy Voet behauptet, er habe nie etwas genommen und deshalb auch nie die Karriere gemacht, die er verdient hätte. Der Kampf gegen diesen Betrug an den Kollegen – denn das ist Doping – muss weitergehen.

Die französische Internetseite Cyclisme & Dopage führt seit 1998 ein „Annuaire de dopage", das Doping-Jahrbuch, in dem alle Fahrer aufgeführt sind, die je mit verbotenen Mitteln geschnappt wurden. Derzeit sind rund 1300 Fahrer genannt, darunter 800 Profis, doch zuletzt durfte die Liste auf Geheiß der CNIL, der französischen Nationalkommission für Informatik und Freiheitsrechte, nur ohne Namen erscheinen. Es sind also die Daten und die betreffenden Mittel aufgeführt, die den Fahrern zum Verhängnis wurden. Doch die Spalte der Namen bleibt leer.

60 Prozent. Oder 80 Prozent?

Aber jetzt haben wir viele Namen. „Und ich kann bestätigen, dass 60 Prozent des Pelotons unter der Wirkung von Dopingmitteln standen", fasste Willy Voet 1999 seine 20-jährige Erfahrung als Masseur und medizinischer Betreuer zusammen. Zuletzt war er bei Festina, und weil er mit einer Ladung verbotener Mittel im Lieferwagen an der Grenze geschnappt wurde, löste er den großen Festina-Skandal 1998 aus. Schon im Jahr zuvor hatte der italienische Arzt Franco Donati nach Gesprächen mit sieben Ärzten und 21 Profis den Schluss gezogen, 80 Prozent der Radprofis nähmen Erythropoietin (EPO), was nach der Aussage eines französischen Mannschaftschef damals angeblich unabdingbar war, um zu den 50 Besten zu gehören. Und wenn mehr als die Hälfte ihre Leistung illegal steigern, haben wir es, könnte man sagen, mit einer kriminellen Vereinigung zu tun. Bruno Roussel, Voets Ex-Chef, sagte im Januar 2001, die Fahrer, die er kennengelernt habe, seien alle und voll und ganz im Bilde und auch verantwortlich.

VIII. Essen und Trinken

Essen und Trinken hält Leib und Seele zusammen. Das brauchen Rennradfahrer, die im Grunde kalorienverschlingende menschliche Maschinen sind. Der Körper braucht Energie. Der Schweizer Triathlet Beat Knechtle hat einen sportwissenschaftlichen Artikel geschrieben über das Energiedefizit. Wer Ausdauersport betreibt, hat manchmal Mühe, sich genügend Kalorien einzuschieben. Bei einer Tour-de-France-Etappe mit einem 40er-Schnitt werden 1000 Kalorien pro Stunde benötigt, und an einem harten Tag verbrennt der Körper über 10 000 Kalorien, die man sich erst einmal während der Fahrt zuführen muss. Bei einem 24-Stunden-Rennen kann man nicht genug essen, das Energiedefizit liegt um 5000 Kalorien. Der Muskelumfang schrumpft, der Fahrer wird sogar etwas kleiner.

1899: Das Essen bringt der radelnde Bote

In der Anfangszeit des Radsports ging man an die Grenzen. Auf der Bahn von Berlin-Halensee fand 1899 ein 24-Stunden-Rennen statt. Ein Chronist berichtet: „Im Innenraum der Bahn selbst war ein vollständiges Zeltlager entstanden; jeder der startenden Radler hatte sein eigenes Zelt, in welchem er Toilette machen konnte, sich massieren ließ und Speise und Trank vorfand. Häufig brachten auch radelnde Boten die Erfrischungen den Radlern nach, welche, ohne abzusitzen, im Fluge Äpfel, Weintrauben und dergleichen zu sich nahmen. Gewöhnlich dienten Rotwein, Sekt, Mineralwässer und Kaffee dazu, die Nerven neu zu beleben und den Durst zu löschen, der sich namentlich während der heißen Mittagsstunden ganz außerordentlich bemerkbar machte. Als die Hitze ihren Höhepunkt erreicht, ließen sich einige Fahrer völlig mit Wasser übergießen.“

1994: Das Essen bringt ein Rennradler

Fast hundert Jahre später. Bei einem Weltrekordversuch über 24 Stunden an Pfingsten 1994, den der Deutsche Axel Fehlau in Leipzig abbrechen musste – mittlerweile gehört ihm der Rekord mit 1021 Kilometern, gefahren 1995 –, war alles gut geplant. Da der Fahrer 24

Stunden in seiner verkleideten Zigarre sitzt und tritt, muss der Versorgungsfahrer mit dem Rennrad in seine nächste Nähe fahren und ihm Snacks und Getränke durch eine Klappe hineinreichen; auch die Entsorgung der Flüssigkeit menschlicher Bedürfnisse ging diesen Weg. In einem Artikel heißt es: „‚Axel musste nur aufpassen, dass er die Flaschen nicht verwechselt', erklärte Teamleiter Gronen scherzhaft."

Zeitung lesen, Kaffee trinken auf dem Rad

Zwischen 6 Uhr früh und 12 Uhr mittags sind die Sechstagerennen neutralisiert. Die Hallen werden geputzt bei schummrigem Licht, und ein Kommissar zählt die Runden. Die Fahrer schlafen abwechselnd drei Stunden. Aus einem Bericht der fünfziger Jahre: „Während der Neutralisation kreisen die Fahrer mit Tempo zehn auf dem ‚Teppich' ganz unten auf der Bahn. Um den gepeinigten Hintern zu entlasten, sitzen sie auf einem breiten Sattel, der Lenker ist hochgestellt. Wer es beherrscht, tritt nur mit einem Bein und hält mit dem anderen den Lenker. So kann der Kaffee trinken und Zeitung lesen." Gemütlich.

Fünf Kilo schwerer nach jeder Etappe

Giovanni Rossignoli war Zweiter beim Giro d'Italia 1911 und 1912. Als die jungen Bianchi-Fahrer zu stark wurden, fuhr er als Einzelkämpfer weiter, als „disereditato" (Enterbter), wie die Italiener das nannten. Rossignoli wurde 1926 noch als 44-Jähriger Siebzehnter. Er war berühmt dafür, dass er nie satt wurde. Nach jedem längeren Etappenrennen hatte er fünf Kilo zugelegt. Einmal verspeiste er auf der Fahrt eine Reistorte, Stück für Stück, die für zwölf Esser gedacht war.
Konkurrenz machte ihm im Lande des guten Essens nur Michele Gordini, ein stämmiger Bauernsohn aus Cottignola, der ausdrücklich Rennen fuhr, um zu essen. Er konnte sich bei der Verpflegungsaufnahme fünf Säckchen schnappen, um alle zwanzig Kilometer ein neues leeres an den Straßenrand zu schleudern. Und trotzdem stieß er an manchem Etappenziel den Klageruf aus: „Was für ein Hunger, Gottogott, Hunger!" Und Luigi Malabrocca, der beim „Giro" 1946

keine Mannschaft hatte und in der Hotelküche stibitzen musste, sagte seufzend am Telefon seiner Frau: „Stell dir vor, ich habe die ganze Nacht von Makkaroni mit Tomatensoße geträumt."

600 Hühner, 720 Eier

1924 war das „Jahr der Enterbten" beim Giro d'Italia. Die Teams boykottierten das Rennen. Nur Amateurfahrer gingen an den Start. Die Organisatoren mussten die 90 Fahrer versorgen. Keine leichte Aufgabe. Sie lieferten 600 Hühner, 750 Kilo Fleisch, 50 Kilo Butter, 720 Eier, 4800 Bananen, 4800 Äpfel und Orangen, 2000 Flaschen Mineralwasser. Die Ausgabe gewann Giuseppe Enrici vor Gay und Gabrielli.

Verbotene Verpflegung

Emilio Colombo, Chefredakteur der „Gazzetta dello Sport", reichte Learco Guerra unter der Hand beim Giro d'Italia 1933 ein Päckchen Kekse. Das hatte er sicher gut gemeint, doch es trug ihm eine Verwarnung der Jury und Guerra eine Geldstrafe ein. Bei den großen Radrennen ist übrigens im Anstieg vor dem Ziel jede Art von Verpflegung verboten. Miguel Induràin hatte in seiner letzten Tour 1996 am Berg Probleme und bekam von Emmanuele Bombini, dem Sportlichen Leiter seines Konkurrenten Ewgeni Berzin, zwei Dosen Coca-Cola gereicht. Dafür erhielt der spanische Fahrer 20 Strafsekunden und 200 Franken Strafe aufgebrummt.

Unmäßig viel trinken!

Radrennfahrer trinken ungeheuer viel. Es könnte sein, dass sie sich zehn Liter Flüssigkeit am Tag eingießen. Der Körper braucht sie und sondert, was er nicht braucht, als Schweiß wieder ab, um die Körpertemperatur konstant zu halten. Die Trinkflaschen kommen von den Begleitfahrzeugen. Da ist einem ein Bild der Tour de France in Erinnerung: Ein Domestike begibt sich an die Seite des Fahrzeugs, und von dort werden ihm Trinkflaschen herausgereicht: eine, zwei, drei ... sechs. Die stopft er in seine Trikottaschen, in den Getränkehalter, und dann bringt er sie zu den Dürstenden.

Auch um die Flüssigkeitsaufnahme ranken sich Theorien und Legenden. Fahrer der Frühzeit fuhren im Training möglichst lange ‚trocken'. Das ist nicht gesund; doch sie wollten ihren Körper daran gewöhnen, mit wenig Flüssigkeit auszukommen. Das andere Extrem ist die Aussage eines Sportarztes, gerichtet an Amateurfahrer, man müsse „unausgesetzt und übermäßig viel trinken" bei Radtouren. Das ist auch übertrieben, denn je mehr man trinkt, desto mehr schwitzt man, und so werden auch die wertvollen Mineralstoffe der Getränke wieder ausgeschieden. Wichtig ist nur, dass der Fahrer die Dehydratation – das Austrocknen – vermeidet.

Binda und die Eier

Der Italiener Alfredo Binda war 1927 erster Straßenweltmeister (vor Girardengo) und war im Jahr zuvor durch seinen Sieg bei der Lombardei-Rundfahrt berühmt geworden. Regen und Hagel dezimierten die gestarteten 69 Fahrer, nur 24 kamen an. Binda fuhr die „letzten" 158 der 252 Kilometer der Etappe alleine und hatte in Mailand eine halbe Stunde Vorsprung. Als er nach der Siegerehrung im Zug heimfuhr, sah er immer noch letzte Fahrer sich in Richtung Ziel kämpfen. Bindas Geheimrezept waren angeblich rohe Eier, die ihm Freunde an strategischen Stellen der Etappe hinhielten. Er zerschlug das Ei dann am Lenker und schlürfte es aus. Als 80-Jähriger hat er schmunzelnd erzählt, wie es mit diesen Anekdoten ist: „Jedes Mal, wenn jemand die Lombardei-Geschichte erzählt, fügt er ein Ei hinzu. In manchen Büchern steht, ich hätte achtundzwanzig verzehrt. Skandalös für Ärzte und Diätexperten, die an meine arme Leber dachten. Achtundzwanzig Eier sind schon etwas viel, aber wenn es der Legende hilft, warum nicht?"

Weinbrand und rohe Eier war auch das Geheimmittel vieler Sechstagefahrer.

Coppi und die harten Eier

Harte Eier und Marmeladekuchen sind übrigens als Rezept von Firmin Lambot verbürgt, des 1922 mit 36 Jahren ältesten Toursiegers überhaupt. Auch Fausto Coppi fuhr seine ersten Rennen mit fünf hart gekochten Eiern im Verpflegungsbeutel. Sie haben den Vorteil, Eiweiß zu bieten, gegen Druck stabil zu sein und nicht viel Platz wegzunehmen.

Das Morgensteak

Später beschäftigte sich Fausto Coppi näher mit der Ernährung und tüftelte herum. Sehr früh am Morgen erhielt er von seinem Masseur, dem blinden Biagio Cavanna, ein Glas mit heißem Orangensaft. Zum Frühstück verspeiste er eine Gemüsesuppe und ein Beefsteak mit Zitronensaft, hinterher einen Fruchtsalat und einen großen Milchkaffee. Das Steak war Jahrzehnte über eine Konstante. Meist verleibten sich die Fahrer morgens um 6 Uhr ein kräftiges Beefsteak ein und wussten nicht, dass die Verdauung des Fleischbrockens 30 Prozent ihrer Energie verlangte. Dem Belgier Rik van Looy scheint das nichts ausgemacht zu haben. Er schlang große Mengen Fleisches in sich hinein, Salat, Eier, und goss dann noch ein Bier hinterher, oft sogar noch kurz vor Beginn eines Rennens. Als es beim Giro d'Italia 1946 auch unter den Fahrern darum ging, wer für die Monarchie und wer für die Republik sei, sagte Scherzbold Luigi Malabrocca: „Ich bin auf der Seite der Sieger. Aber wenn's eine Beefsteak-Partei gibt, wähle ich die."

Das Affensteak

Affenkotelett oder Affensteak ist der gängige Ausdruck in Radlerkreisen für – die Banane. Sie lässt sich gut transportieren, geht gut in die Muskeln und wirkt Wunder. Mancher Fahrer wurde durch eine milde Gabe eines Zuschauers vor dem gefürchteten „Hungerast" gerettet, der einen zur Schnecke macht. Auch Profis verschätzen sich manchmal und essen nicht genug. Stellvertretend dafür die Geschichte von Charly Gaul, dem Luxemburger „Engel der Berge", der 1958 auf der Tour de France – er gewann sie – in Nöten war. Auf dem Col du Granier reicht ihm ein Zuschauer etwas Essbares, das er für eine Banane hält. Der schon vor Schwäche schwankende Rennfahrer sieht: Es ist ein Baguette mit Schinken. Doch er verschmäht es nicht.

Über Giovanni Gotti jedoch muss man den Kopf schütteln, wie man es täte, wenn jemand behauptete, die Kraft des Steaks stecke im Knochen. Gotti, ein gutmütiger Riese und Giro-Sieger 1934, war nicht davon abzubringen, die Kraft der Banane stecke in der Schale. Die aß er auf, das Innere warf er fort.

Der Täter war nicht der Kellner

1983 versucht ein böser „Tifoso“ aus Visentini einen Kellner des Hotels zu bestechen, in dem Giuseppe Saronni, der spätere Sieger, übernachtete. Der Kellner sollte Saronni ein Abführmittel in die Minestra kippen. Doch es klappte zum Glück nicht. Nach der Etappe dann langen die Fahrer befreit zu – und machen den Fehler, Meeresfrüchte oder Fisch zu essen. Sollte man sich verkneifen.

Das Fischgelage von Marseille

Ruhetag der Tour de France 1911 in Marseille. Am nächsten Tag stehen 335 Kilometer nach Perpignan an. Was mag die Stiefbrüder Francois Faber und Ernest Paul bewegt haben, im Alten Hafen drei Stunden zu speisen? Es gab Austern, Langusten und Muscheln, dazu Käse, Bordeauxwein und Kognaks. Die Radler sollen ihr ganzes Bargeld dafür hingelegt haben. Dann die Quittung: Pauls Zunge schwoll während der Nacht an, und er litt unter Krämpfen. Der Arzt empfahl die letzte Ölung. Doch am Morgen, wohl durch die laufend verabreichten Eisstückchen, war die Schwellung weg, Ernest Paul wollte trinken und erkletterte vor dem Hotel dann doch sein Rennrad. Der Arzt hielt das für eine Auferstehung von den Toten und lehnte jede Bezahlung ab; Geld nehme er nur von gewöhnlichen Sterblichen. Der Halbtote kam am Abend mehr als eine Stunde nach dem Sieger in Perpignan an. Die Tour beendete er als Achter der Gesamtwertung.

Coppi kotzt

Man lernt ja nie aus. 1954 gewinnt die Bianchi-Mannschaft des Campionissimo Fausto Coppi das Mannschaftszeitfahren um Palermo und feiert in einem Restaurant mit Meeresfrüchten. Die waren anscheinend verdorben, Coppi erbricht sich die ganze Nacht.

Im selben Jahr gab es ein unglückliches Vorkommnis beim Rennen Rom-Neapel-Rom. Wie Mino de Rossi erzählte, stürmten die Fahrer immer die Bars, um sich Getränke zu holen. Das gefiel den Inhabern nicht, also ließen sie die stählernen Rollläden herunter. Doch 1954 befanden sich noch fünf Rennfahrer in der Bar, als die Zugbrücke sank. Nach langen Verhandlungen und Geschrei hatte der „Barista" ein Einsehen. Die Fahrer kamen leider außerhalb der erlaubten Zeit an, doch die Jury hatte ein Einsehen und drückte ein Auge zu. Auch Rudi Altig hat erzählt, dass die Rennfahrer in den sechziger Jahren zu einem regelrechten Sturm auf die Bars ansetzten und sie fast leer kauften. Sollte eigentlich gut für die Barbesitzer sein.

IX. Menschliches/Medizinisches

Auch Radfahrer sind Menschen. Ihnen unterlaufen Pannen, sie machen Fehler, und dann gibt es auch noch den Körper, der nicht immer so will, wie der Rennfahrer will. Fassen wir das Allzumenschliche und das Medizinische darum zu einem Kapitelchen zusammen.

Vergangenheit und Zukunft

Hierher passt auch ein wenig Radfahrer-Philosophie. Die Fortbewegung auf dem Zweirad ist für sich genommen kurios. Der spanische Autor Javier Garcìa Sanchez hat sich in seinem Buch „El Alpe d'Huez" (1994) dazu Gedanken gemacht: „Der Mensch hat sich nie mit seiner Bedingung abgefunden, ein Wesen zu sein, das zu Fuß geht. … Der Radfahrer verletzt dieses Prinzip. Sein Leben verläuft praktisch in der Lage des Fötus. Er lebt auf sich selbst zurückgezogen, auf sich konzentriert. Seine Vergangenheit, hinten, ist der Sattel. Seine Zukunft, vorne, ist der Lenker. Nur auf diese beiden Elemente stützt er sich während Stunden, um sich seine Gegenwart zu konstruieren, die die Pedale sein können. Wenn du sie nicht bewegst, kommst du nicht vorwärts, bist du nichts."

Das Tao des Radfahrers

„Radfahren ist langweilig, ich erinnere mich plötzlich, dass ich das beim letzten Mal auch so empfand", schreibt Tim Krabbé provokativ. „Warum mache ich es dann? Warum besteigen Sie diesen Berg? Weil er da steht, sagt der Bergsteiger." Krabbé führt den Gedanken später weiter, das Absurde streifend. „Auch wenn die Erde so glatt geschliffen wie eine Billardkugel wäre, würde es Bergsteiger geben: die wahren Bergsteiger. Der wahre Bergsteiger würde sich sogar dafür schämen, seinen Willen von Dingen einer niedrigen Ordnung, wie Bergen, Gestalt verleihen lassen. Folglich gibt es nur eine einzige Frage, die man dem wahren Bergsteiger mit Recht stellen kann: Warum besteigen Sie nie einen Berg? Seine Antwort würde lauten: weil es Berge gibt."

Die Psyche des Radfahrers

Radfahren auf hohem Niveau – und Radfahren überhaupt – ist pure Willenskraft. Die Psyche ist enorm wichtig. Man bummelt beim Training so dahin, wird überholt, will es erst auf sich beruhen lassen; dann überkommt es einen, und man sprintet hinterher – es geht, und wie! Man weiß nicht, welche Kräfte in einem stecken, wenn sie nicht gefordert werden. Nochmals Tim Krabbé: Er erzählt von dem Radfahrer Hamilton, der 1899 als Erster mehr als 40 Kilometer in der Stunde auf der Bahn fuhr. Er sei disqualifiziert worden, weil er sich von einem Lichtpunkt Tempo hatte machen lassen, der vor ihm auf die Bahn projiziert wurde. „Mit dieser Disqualifikation war die Union Cycliste Internationale der erste Sportverband, der offiziell anerkannte, dass der Sportler eine Psyche hat", schreibt er.

So ist das

In die Pedale zu treten ist entscheidend, doch gesteuert wird alles vom Kopf. Die Psyche ist sicher ein kompliziertes Ding, der Wille kann Berge versetzen, doch manchmal ist alles sehr einfach. Federico Bahamontes, der „Engel der Berge" und sechsmaliger Träger des Bergtrikots bei der Tour, hatte die Frankreich-Rundfahrt 1959 gewonnen. Im Jahr darauf stieg er schon in der zweiten Etappe vom Rad. Federico, der seltsamerweise immer von sich in der dritten Person sprach, sagte auf Französisch: „Ich, er ist müde. Ich, er will heimfahren." Und Gerrie Knetemann sagte über den Schmerz, wenn die anderen davonfahren und man selbst nicht mehr kann: „Das ist natürlich schade, aber irgendwann geht es nicht mehr. Und wenn es nicht mehr geht, fällt man zurück. Pech gehabt. Man sollte das nicht verklären."

Das dringende Bedürfnis

In die Pedale zu treten ist nicht die einzige vordergründige Notwendigkeit des Radlers. 1991 gab Stephen Roche – der Toursieger von 1988 – vor der zweiten Etappe, dem Mannschaftszeitfahren von Bron nach Chassieu, einem dringenden Bedürfnis nach. Es muss ein umfangreiches Bedürfnis gewesen sein, denn erst nach 7 Minuten sah er sich in der Lage, hinterherzubrausen und verlor dann noch zusätzlich Zeit. Das Zeitlimit betrug 8:16 Minuten, er kam mit 14:20 Minuten Rückstand ins Ziel und sah sich eliminiert.

Man redet miteinander

Auch Reden ist ein Bedürfnis. Natürlich plaudern die Rennfahrer miteinander – solange die Etappe sich in der Anfangsphase befindet. Dann kommt der Zeitpunkt, den der Schweizer Fahrer und Sportliche Leiter Paul Köchli als die „Plaudergrenze" bezeichnet hat: Die Gespräche versiegen plötzlich, jeder ist auf sich selbst konzentriert und leidet still vor sich hin. Manche Fahrer haben sich aber gern geäußert. Ferdi Kübler brabbelte oft auf Schwyzerdütsch vor sich hin und ging auch seine Gegner an. Bei einer Alpenetappe soll Kübler Louison Bobet in einem Sprachgemisch gesagt haben: „Du vorbereitet? Ich bereit zum Angriff. Du leiden." Und wenig später: „Schau! Ferdi Pferd!"

Startschwierigkeiten

Beim Start kann es schon zu den ersten Pannen kommen. 1989 erschien Pedro Delgado beim Prolog 2 Minuten und 40 Sekunden zu spät an der Startrampe, weil er sich eifrig warm gefahren und dabei das Startsignal überhört hatte. In Montreal bei den Olympischen Spielen 1976 fuhr der Deutsche Eduard Rapp vor dem Startschuss los, begriff seinen Fehler sofort und hielt an. Zu spät: Disqualifikation. Diese Fahrer hätten auch gut in die Kategorie „Pechvögel" gepasst.

Wasserlassen während der Fahrt

Der australische Champion Hubert Opperman „hielt nicht an, als ihn die Natur rief". So formulierte es eine englische Zeitung, die ihn den „ungezwungensten Radfahr-Champion" nannte. Denn Opperman urinierte bei dem 1200 Kilometer langen Rennen Paris-Brest-Paris 1931 in voller Fahrt. Sportfans sollen entzückt gewesen sein; gewiss nicht die Fans an der Strecke. Doch nicht diese Anekdote brachte ihn auf die Titelseiten, sondern sein Sieg bei dem 1200 Kilometer langen Monsterrennen in 49 Stunden und 23 Minuten. Hubert

Opperman wurde sogar zum „Sportler des Jahres“ gewählt. Er war es gewohnt, nicht abzusteigen, fuhr er doch am liebsten lange Rennen: in 39 Stunden von Melbourne nach Sydney (Rekord) und in 47 Stunden von Brisbane nach Sydney.

Geschichten mit Flugzeugen

Menschliches-Allzumenschliches: Heimweh und Glück. Der 18-jährige Bauernsohn Tiemen Groen aus den Niederlanden bekam bei den Olympischen Spielen 1964 in Tokio schreckliches Heimweh. Sein Vater flog eilends nach Japan, konnte den Sohn aber nicht mehr entscheidend aufrichten. Groen fuhr bei der 400-Meter-Einzelverfolgung an einer Medaille vorbei.

Das Leben: Sergej Suchorutschenkow saß schon am Flughafen in Prag und sollte heimfliegen. Doch wegen Nebels verzögerte sich der Flug. Mittlerweile hatte Nationaltrainer Wiktor Kapitonow, ein alter Radrecke, erfahren, dass der nominierte Sergej Morosow krank geworden war. „Du bist noch hier, Sergej?“ wird er gesagt haben. „Wunderbar, mitkommen, du fährst das Rennen.“ Suchorutschenkow wurde Olympiasieger im Straßenrennen.

Das Glück beim Schopf packen

Radfahren ist wie alle Sportarten auch eine Sache des Glücks. Auch bei perfektem Wetter und guter Form kann es nicht so gut laufen wie geplant; und manchmal geht er gerade dann gut, wenn man es nicht erwartet. Und manchmal muss man auch das Glück beim Schopf packen, wenn es gerade vorbeikommt. Das ist dann die Chance des Lebens. So geschah es dem jungen Oscar Freire Gomez, den vor dem 10. Oktober 1999 niemand kannte und dessen Team Vitalicio Seguros sogar zögerte, seinen Vertrag zu verlängern.

Bei der Straßenweltmeisterschaft in Verona fuhr er, gerade ein Jahr zuvor mit zweiundzwanzig Profi geworden, in einer Spitzengruppe mit Jan Ullrich und Francesco Casagrande. Die Stars belauerten sich gegenseitig und beachteten Freire nicht – da nutzte dieser seine Chance, spurtete unwiderstehlich los und wurde Weltmeister. Seit 1969 hatte es keinen derartigen Außenseitersieg mehr gegeben. Nun nahm ihn Mapei unter Vertrag, und der junge Spanier wurde noch zweimal Weltmeister (2001 und 2004). Er war über sich hinausgewachsen. Wer weiß – ohne diesen mutigen Angriff am 10. Oktober 1999 würde er vielleicht heute noch unbeachtet im Peloton mitfahren. Bei den wenigen Chancen, die sich im Leben bieten, muss man zupacken.

Der ungeplante Sieg

Und noch eine Geschichte um Glück und Zufall. Karel Kaers wollte die Flandern-Rundfahrt 1939 als Trainingsfahrt für die „Hölle des Nordens", Paris-Roubaix, nutzen und nur die Hälfte der Strecke zurücklegen – und dann gewann er das Rennen! Das kam so: Kaers hatte einem Mitarbeiter gesagt, er solle sein Auto oben auf dem Kwaremont abstellen, so dass er – nach 140 Kilometern und der Hälfte der Strecke – gemütlich einsteigen und motorisiert zurückfahren könnte. Karel Kaers und sein Trainingspartner führten mit einer Minute Vorsprung und wollten es damit gut sein lassen. Doch auf dem Berg fanden sie ihr Auto nicht, das der Manager in der Zwischenzeit woanders geparkt hatte. Sie suchten noch eine Weile herum, fuhren dann wütend weiter – und Kaers gewann die Flandern-Rundfahrt im Sprint.

Kleiner Exkurs: Schicksale

Radsportler rasen die Berge hoch, holen sich Pokale und Trophäen, gehen in die Geschichte ein. Doch dann: das Schicksal. Denn es gibt ein Leben nach dem Radsport, und nicht immer geht es damit glatt. Es hält ähnliche Tücken bereit wie eine schwere Bergetappe. Natürlich gibt es Tausende individueller Lebensläufe – www.memoire-du-cyclisme.net bietet zum Beispiel die Lebensdaten von über 12000 Radsportlern aus 115 Jahren Radsport –, aber ein paar Beispiele können lehrreich sein.

Der große Tour-de-France-Sieger Henri Pélissier wurde bei einem Streit 1935 von seiner Frau erschossen, die danach Selbstmord beging. Der Engel der Berge, Charly Gaul (im Dezember 2005 73-jährig gestorben), zog sich nach Ende seiner Karriere ganz von der Außenwelt zurück und lebte – angeblich wegen einer Liebesenttäuschung – jahrelang in einem Wohnwagen in der Nähe seines Hauses: im Wald. Erst mit über sechzig ließ er sich wieder in der Öffentlichkeit bei einem Radrennen blicken. Der Spanier José Mario Jimenez und der Italiener Marco Pantani griffen zu Kokain und entkamen der Droge nicht mehr. Beide starben an einer Überdosis.

Die Verrückten

„Le geste plus fou est le geste plus beau", sagt der Franzose. Die verrückteste Geste ist die schönste Geste. Radrennfahrer müssen ein wenig verrückt sein – das Unerwartete, Unberechenbare ist das Salz des Lebens. Wer nicht wagt, gewinnt nicht. Deshalb gibt es bei der Tour de France seit einigen Jahren einen Preis für den angriffslustigsten Fahrer. Zu diesen gehört sicher Jens Voigt, der ähnlich wie Richard Virenque impulsiv und fast unvernünftig ständig angreift. Das lieben die Fans.

Garin, Kettenraucher und Toursieger

Rauchen ist schlecht, keine Frage. Rotwein auch. Wie war das gleich wieder 1903 bei der ersten Tour de France der Geschichte, die am 1. Juli um 3 Uhr nachmittags vor dem Hotel „Réveil-Matin" in Villeneuve S. Georges bei Paris gestartet wurde? Der 1871 im Aostatal geborene Franzose Maurice Garin gewann sie überlegen und war vom Start bis ins Ziel die Nummer eins im Gesamtklassement, was danach nur noch vier Fahrern gelang. Maurice Garin aß unterwegs wenig und hatte immer eine Flasche Rotwein im Trikot stecken. Er war ja Franzose. Außerdem war er Kettenraucher, was ihn nicht daran hinderte, 89 Jahre alt zu werden.

Noch ein großer Raucher

Rauchen beruhigt. Ein richtig großer Raucher auf dem Rad und vor dem Herrn war Enrico Sala, der 1924 seinen letzten Giro d'Italia bestritt. Er fuhr von 1909 bis 1924 100 000 Kilometer, und seine Ehrentafel liest sich gut: Neunmal beim Giro dabei gewesen, Fünfter 1914, Achter jeweils 1909 und 1920, Elfter 1911. Und immer hatte er dabei, wie Giro-Chef Armand Cougnet schrieb, „die Zigarre im Mund, und Rauch hing im Wind". Enrico Sala aß nicht viel, hatte dafür alle seine Taschen voll gestopft mit „Macedonia"-Zigarren. Und wenn sein Vorrat aufgebraucht war, begab er sich zum Begleitfahrzeug und erhielt eine brennende Zigarre herausgereicht. Gino Bartali, der „Alte", Sieger der Tour de France von 1938 und 1948, war übrigens auch ein großer Zigarrenliebhaber, und nach einer Etappe genehmigte er sich auch bisweilen eine Zigarette.

Die verbotene Medizin

Als Edgar Lawrence „Dunc" Gray, geboren 1906, bei den Olympischen Spielen in Los Angeles eine Woche vor seinem Wettbewerb schwer an Grippe erkrankte, heilte ihn der australische Teammanager Jim Eve mit seinem Hausmittel aus Zitrone, Aspirin und Brandy. Gray siegte mit drei Sekunden Vorsprung vor dem Niederländer Van Egmond. Der Brandy übrigens war illegal; damals galt in den Vereinigten Staaten die Prohibition. Alkohol war verboten.

Eine „Popolare" und Kaffee mit Kognak

Der Italiener Raffaele di Paco, geboren 1908 und bis 1945 Profi gewesen, gewann 15 Etappen beim Giro d'Italia. Er wusste, was gut für ihn war. Mit dem Zug reist er 1936 nach Lucca in der Toskana zu einem Rennen, an dem auch der Weltmeister Daems teilnehmen soll. Di Paco berichtete: „Ich werde geschlagen. Mir geht's schlecht. ‚Cesare', sage ich zu einem Freund, ‚gib mir eine starke Zigarette'. Eine ‚Popolare'. Dann einen Kaffee mit Kognak und viel Zucker. Sie wollen ihn mir nicht geben, aber ich weiß: Das ist meine Medizin. Zweite Prüfung. Gegen die Uhr. Ich bin zwei bis drei Sekunden schneller als die anderen und gewinne. Dritte Prüfung: Verfolgung. Ich besiege die beiden anderen. Es ist noch nicht vorüber. Das Individualrennen gegen Binda und Girardengo. Ich gewinne. Mein Geheimnis war eine Zigarette, viel Kaffee mit Kognak und eine Zabaione. Beim Giro von Brasschael habe ich zehn Eigelb geordert, gut geschlagen, und viel Zucker. ... Ich starte in der siebten Runde durch, mache die schnellste Zeit und gewinne wieder."

Die Furunkel

Doch die Medizin spielt eine große Rolle im Radsport. Die Fahrer sind oft krank. Meistens die Knie, der Rücken, das Asthma, doch besonders unangenehm sind kleine Geschwüre auf der Sitzfläche. Denn der Radrennfahrer übt eine sitzende Tätigkeit aus, und das stundenlang. Ein Furunkel ist etwas, was schmerzt und den Erfolg verhindert. Louison Bobet hatte wegen einem solchen schon den Giro d'Italia 1953 aufgeben müssen. Zehn Tage litt er darunter. Trotzdem holte er sich die Tour. Ferdi Kübler wurde von einem solchen bei der Tour de Suisse 1947 gequält, Tom Steels und Marco Pantani im Jahr 1999. Berufsleiden.

Der Ruhepuls

Radrennfahrer sind Spitzensportler. Der Normalbürger hat im Ruhezustand einen Puls von etwa 70. Miguel Induràin hatte zu seiner besten Phase einen Ruhepuls von 28 Schlägen pro Minute – ein Normalsterblicher würde da auf den Pulsschlag warten und schließen: Ich muss tot sein! –, Lance Armstrong 32, Mario Cippolini 40. Das große Herz von Radsportlern, das sich bei einer harten Etappe auch ausdehnt, pumpt langsamer, kann dafür in extremen Fällen fast 200 Pulsschläge leisten. Und dieses Herz ist an die Anstrengung gewöhnt; darum kann der Leistungssportler auch nicht von heute auf morgen nichts mehr tun und sich in den Fernsehsessel gleiten lassen. Er muss langsam „abtrainieren“. Übrigens fahren viele Rennradfahrer im Jahr zu Trainingszwecken 40 000 Kilometer. Dazu sind sechs Millionen Pedalumdrehungen nötig. Erstaunlich: Dadurch kommt es nicht zu Gelenkschäden. (Trotzdem gut, dass „Nordic Walker“ ihre Gelenke durch Stockeinsatz schonen.) Die Lungenkapazität der Profis liegt meist nahe an sieben Liter. Und trotzdem reicht es in manchen Fällen nicht.

Im Sauerstoffzelt

Die Anstrengungen bei einem Radrennen sind enorm. Charly Gaul, der große Bergfahrer, musste schon einmal oben auf dem Mont Ventoux mit dem Krankenwagen ins Hotel gebracht werden, und Eddy

Merckx wurde ohnmächtig und benötigte das Sauerstoffzelt. Schreibt Krabbé über seinen Landsmann Janssen: „Jan Janssen, der konnte sich furchtbar quälen. Bis zum Schwarzwerden konnte er sich an dem Hinterrad vor ihm festbeißen. Er biss sich über die Berge, und manchmal fiel er nach einer Etappe mit Rad und allem gegen das Absperrgitter, und es dauerte zehn Minuten, bis er etwas sagen konnte. Charakter. 1970, bei Paris-Tours, schaffte es Jan Janssen, sich eine leichte Herzlähmung zu fahren. Er musste ins Krankenhaus, im Grunde war es das Ende seiner Karriere. Altig konnte sich furchtbar quälen, Geldermans konnte es, Simpson konnte es." Miguel Induràin hat auch gesagt: „Was den Schmerz angeht, da bin ich sehr weit gegangen."

Höhentraining

Man weiß, dass Fahrer nach längerem Aufenthalt in großen Höhen besser fahren. Der Körper hat mehr rote Blutkörperchen gebildet, die mehr Sauerstoff aufnehmen und diesen an die Muskelzellen abgeben können, wenn man das so laienhaft ausdrücken will. Jan Ullrich hat, wie im Sommer 2005 berichtet wurde, eine Art Höhenkammer im Keller seines Hauses in Scherzingen am Bodensee. Da kann er auf Rollen trainieren und die Höhe variabel zwischen 2000 und 4500 Meter einstellen. Die Luft wird dann dahingehend komponiert. Auch Lance Armstrong soll sich auf diese Weise immer in Form gebracht haben. Auch wenn die Anlage 120 000 Euro kosten mag, ist es allemal billiger, als andauernd nach Mexiko oder Zermatt reisen zu müssen, wo es ohnehin immer kalt ist.

Halluzinationen

Auch die größte Anstrengung führt normalerweise nicht zu Halluzinationen. Dazu ist Monotonie nötig und völlige Erschöpfung. Beim Race Across America über 4900 Kilometer auf Straßen wie ausgerollten Maßbändern sind die Fahrer tagelang unterwegs, und da gibt es so wenig Ablenkung für das Gehirn, dass es Bilder aus dem Inneren nach draußen schickt und den Sportler selbst überrascht, der das alles im ersten Moment auch noch für wahr hält. „Rob Kish etwa fuhr an einer langen Schlange von Menschen vorbei, die ihn alle nach seiner Telefonnummer fragten. ... Und der Traunmüller Karl war doch arg irritiert, als er kräftig tretend einen Berg hinunterpfiff, und der Tacho zeigte digitale 15 und keinen Kilometer mehr. Steig mal ab, haben sie ihm da gesagt, und schau dir die schöne Steigung an, mit der du dich gerade abmühst." Das ist aus einem Artikel der ‚taz' im August 1995. Rob Kish ist übrigens auch schon einmal abgestiegen und hat mit den Händen den heißen Asphalt betastet um zu sehen, ob er „real" sei. Und oft hatte er das Gefühl, seine Frau sitze hinter ihm wie auf dem Tandem. Die Einsamkeit führt zu solchen Wunschvorstellungen.

X. Auf Umwegen ins Ziel

Bei Radrennen ist die Strecke festgelegt. Viele Funktionäre stehen an den neuralgischen Punkten. Und doch kam es in 140 Jahren Radrennen eben doch vor, was eigentlich nicht passieren sollte … dass sich ein Fahrer verfährt. Oder drei Fahrer. Oder das ganze Feld. Es reicht ja, dass ein Gendarm von einer Fliege gestört wird, sie verscheuchen will und so auch die Zielstrebigsten in die Irre weist.

Sabina und Salaria

Bei der Tour de France wird seit 1904 genauer hingeschaut, wo die Fahrer fahren. Seit der Skandaltour, der zweiten überhaupt, bei der Maurice Garin – Gewinner der ersten – und drei andere ein großes Stück mit dem Zug fuhren. (Sport-Album der Radwelt: „Bei einem französischen Straßenfahrer wurde einmal ein vollständiges Verzeichnis aller Eisenbahnzüge gefunden, die für sein schnelleres ‚Fortkommen' hätten sorgen sollen …") Doch nun geht es um echte Irrtümer. Wer hat sich nicht schon verfahren?

1912 beim Giro d'Italia ging es von Pescara an der Adria nach Rom. Nicht asphaltierte Straßen, verkehrt stehende Wegweiser – und die Fahrer fahren nach rechts anstatt nach links. Sie hatten die Via Salaria statt der Via Sabina genommen und fanden sich zwei Stunden später in dem gottverlassenen Ort wieder, der Cività Castellana damals war, 50 Kilometer von der Ewigen Stadt entfernt. Die Fahrer hatten schon 370 Kilometer in den Beinen, Handys gab es nicht, und so warteten 20 000 Menschen vergebens am Ponte Milvio und im Stadtteil Parioli. Das Feld entschied sich, den Zug zu nehmen. Als die Nachricht zu den Wartenden drang, dass ihre Helden schon mit dem Zug auf dem Bahnhof Termini eingetroffen seien, gingen sie schreiend vor Wut auseinander.

„Ich hab' sie alle abgehängt!"

„Ich hab' sie alle abgehängt!" jubelte ein gewisser Lippolis, dessen Vornamen man nicht kennt, beim Giro d'Italia 1936. Auf der Etappe von Grosseto nach Rom war er mit zehn anderen ausgerissen – unter ihnen befand sich Learco Guerra –, und er gab alles, rollte in ein Dorf ein, der Applaus schlug über ihm zusammen, und hinter ihm war keiner mehr. Doch plötzlich schwant ihm etwas ... Er ist mitten auf dem Land. Er wird bald erfahren, dass er im Eifer eine Seitenstraße eingeschlagen hat, während Mitausreißer und Hauptfeld geradeaus weitergefahren und längst über alle Berge sind. Lippolis wird Letzter. Auch am Schluss in Mailand kommt er als Letzter an: 45. der Gesamtwertung ist er. 3:31 Stunden hinter Bartali. Doch Lippolis trotzig: „Vergesst nicht, dass wir am Anfang 89 Fahrer waren. Die Hälfte hab' ich fertiggemacht!“

Zum Hintereingang ins Stadion

Das Stadion konnte man schon riechen. André Mahe, Jésus Moujìca und Frans Leenen waren 280 Kilometer gefahren seit dem Start in Paris und wollten nun in Roubaix den Sieger unter sich ausmachen. Doch eine Ordnungskraft war überfordert: Die drei fahren daher durch den falschen Eingang ins Stadion, und der bullige Mahe entscheidet den Sprint für sich. Dann erst kommt das Hauptfeld, und da ist Serse Coppi, des Campionissimos jüngerer Bruder, der Schnellste. Dumme Situation. Die Jury gibt dieser Ausgabe Paris-Roubaix von 1949 zwei Sieger: Mahe und Coppi. Die anderen beiden hatten Pech gehabt.

Auf den Presseparkplatz statt ins Ziel

Und wieder eine irrende Ordnungskraft, wieder in der Schlussphase: Bei der 14. Etappe der Tour de France 1988 raste der Erste schon nach Guzet-Neige hinein. Philippe Bouvatier hatte sich von seiner Ausreißergruppe gelöst und praktisch den Sieg vor Augen – da ließ er sich in der vorletzten Kurve von einem chaotischen Gendarmen verwirren, folgte der Hand und fand sich plötzlich auf einem Presseparkplatz wieder. Der Schotte Robert Millar machte es ihm nach, und lachender Dritter blieb der Italiener Massimo Ghirotto, der bei seiner Sprintschwäche nie gewonnen hätte. Hoffentlich hat er dem Gendarmen ein Glas Wein spendiert.

Ein ganzes Feld geht verloren

Frans van Looy, Sportlicher Leiter bei T-Mobile, nannte die Königsetappe der Benelux-Rundfahrt im August 2005 ein „wirklich kurioses Rennen". Vier Fahrer waren auf der 232 Kilometer langen Etappe von Landgraaf (Niederlande) nach Verviers (Belgien) auf und davon gefahren, und am Berg Côte de la Haute Levée waren es noch drei – und der Vorsprung dieser drei erhöhte sich schlagartig auf 14 Minuten, ohne dass sie mehr Tempo gemacht hätten. Rätselraten. Dann wurde bekannt, dass das Feld falsch geleitet worden, auf Nebenstrecken geraten war, bis es endlich wieder auf die Hauptstraße gelotst werden konnte. Es verlor dadurch 8 Minuten.
Da im Führungstrio der Zweite der Gesamtwertung war, der Amerikaner Vandevelde, sah es schlecht aus für den Mann im Roten Trikot, den Belgier Verbrugghe. Die Jury musste etwas tun und wollte die drei Führenden stoppen lassen, damit sie 6 Minuten warteten. Doch am Côte du Rosier ignorierten die drei Führenden die Funktionäre, die sich ihnen in den Weg stellten. Erst 42 Kilometer vor dem Ziel wurden sie angehalten, bis das ganze Feld eingetroffen war. Dann durften die drei wieder los, und 4 Minuten später wurden die Peloton-Fahrer losgelassen. Mittlerweile wusste niemand mehr, warum 4, 6 oder 8 Minuten, und die Sportlichen Leiter der Teams der drei Führenden legten Protest ein. Es gewann der Italiener Alessandro Ballan im Massensprint vor Verbrugghe von Quick Step.

Ostdeutsches Rennen im Chaos

Schon nach der ersten Attacke kurz nach dem Start wurde das über 200 Kilometer führende Rennen von Berlin nach Leipzig 1992 abgebrochen: Alexander Dörper jagt los, doch gleich merkten seine Mitfahrer und die Begleiter in den Fahrzeugen, dass etwas nicht stimmte. Sie hatten sich allesamt verfahren. Also Kommando zurück und neuer Start. Dörper blieb cool und griff im zweiten Versuch erst kurz vor Schluss an. Er hatte gelernt und siegte. Das Rennen war chaotisch und typisch für die Nachwendezeit in Deutschlands Osten. Zweiundzwanzig Polizeimotorräder waren am Anfang am Brandenburger Tor dabei – später schrumpfte die Eskorte auf zwei Polizeiautos. Auf den letzten dreieinhalb Kilometern hatten die Organisatoren noch an den Tagen vor dem Rennen einundzwanzig Autowracks entfernen müssen. Zuschauer gab es bei der 50. Austragung, einem Jubiläum, kaum. Ein Beobachter: „Es war nichts los außer Rückenwind."

Die berühmteste Rückfahrt der Tour

Berühmt geworden ist der Algerier Abd-el Kader Zaaf durch eine Episode: Die Rückfahrt in Richtung Start nach dem Genuss von Wein. Es war 1950 auf der Etappe nach Nimes. Der algerische Fahrer hatte sich vom Feld abgesetzt, dann Durst bekommen und zwei Flaschen Weißwein getrunken, die er sich in einem Restaurant besorgt hatte. In einer anderen Version schnappte er sie sich im Vorbeifahren vom Tisch eines Restaurants. Im Fahren trank er, fast in einem Zug … und dann erst merkte er, dass es sich um Weißwein gehandelt hatte. Die Müdigkeit forderte ihren Tribut, das Feld lag eine Viertelstunde zurück, und so ließ sich Zaaf unter einer Platane nieder. Als er wieder erwachte, war es spät, das Feld längst lautlos an ihm vorbeigerollt, und er, erschrocken, sprang auf sein Rad und pedalierte davon – aber in die falsche Richtung. Bis zurück nach Perpignan wird er nicht gefahren sein.

1982 hat er dann selbst erzählt, ein Zuschauer habe ihm eine Trinkflasche gegeben, doch der Inhalt habe ihm Übelkeit verursacht. Hilfsbereite Menschen hätten ihn bloß mit Wein stärken wollen. Er sei dann falsch weitergefahren, vom Rad gefallen und habe aufgegeben. Im nächsten Jahr aber kam er bei der Tour de France an. Er wurde Letzter und mit Beifall überschüttet. Außerdem hatte er immer lohnende Engagements bei Sechstagerennen, weil die Zuschauer den sehen wollten, der damals bei der Tour in die falsche Richtung gefahren war.

Als der Schweizer Ferdi Kübler 1955 in den Zick-Zack-Kurs geriet, erreichte er Avignon und stürzte in einer Kneipe zwei Bier in sich hinein. Danach trat er auf die Straße und wollte in die Richtung weiterfahren, aus der er gekommen war. Ein Zuschauer fiel ihm in den Arm und wies ihm den Weg. Es half aber nichts. Ferdi kam ins Ziel, gab aber Rennen und Karriere auf.

„Rob, fahr weiter!“

Es gibt ja auch Aussetzer ohne Alkohol – oft beobachtet beim Race Across America, diese 4900 Kilometer von West nach Ost, bei denen die Fahrer Hitze, Müdigkeit und Monotonie ausgesetzt sind. Sie fahren im Schnitt zehn Tage, das heißt 490 Kilometer am Tag. Da ist nicht viel Zeit fürs Schlafen. Einmal legte sich der Dauerteilnehmer und mehrmalige Sieger Rob Kish in den Schatten neben einen Mini-Van. Es muss irgendwann vor 1996 gewesen sein an einer dieser schnurgeraden Straßen. Kish war erschöpft und weggetreten. Als seine Helfer ihn anspornten: „Los Rob, weiterfahren!“, da stieg er wieder auf – fuhr aber in die falsche Richtung weiter: zurück. Man konnte ihn noch stoppen.

Strafbar

Artikel 18 des Reglements der Tour de France, 2005: „Die Fahrer müssen immer dem offiziellen Streckenverlauf folgen. Die Benutzung eines anderen Verlaufs, vor allem die von Abkürzungen, wird bestraft.“ Irren ist menschlich. Kann man jemanden bestrafen, der sich irrt? Auch im Sport muss man einem, der gegen die Regeln verstösst, immer den Vorsatz nachweisen.

XI. Verluste

Wer sich verfährt, findet den Weg auch wieder. Manche aber kommen nicht mehr an, müssen aufgeben, werden vom „Besenwagen" aufgesammelt, landen außerhalb des Zeitlimits. Verluste gibt es immer wieder.

Die Rennen, die es nicht mehr gibt

Die vorbildliche Internetseite www.memoire-du-cyclisme.net nennt 143 derzeit stattfindende Etappenrennen und 253 Eintagesrennen – doch daneben 815 Rennen, die es nicht mehr gibt: die „courses disparues" (verschwundene Rennen). Darunter sind Einjahresfliegen wie „Rund um Iserlohn" (1912), Brüssel–Rixensart (1945), der Große Preis von Granville (1952) und Rom–Ascoli (1930). Anderen Rennen half auch die große Tradition nicht. Verschwunden sind nicht nur Wien–Berlin (1893–1914) und die Vuelta a Cantabria in Spanien (1925–1990), sondern auch in Italien die traditionsreichen Rundfahrten Giro di Sicilia (1907–1977) und Giro di Campania (1911–2001).
Die prominentesten und am meisten zu beklagenden Verluste sind das 600 Kilometer lange Bordeaux–Paris (1891–1988), das Monsterrennen Paris–Brest–Paris (1891–1951) und Rom–Neapel–Rom (1902–1961). Verluste gab es auch bei der spanischen Vuelta. Das 1935 gegründete Rennen musste wegen des Bürgerkriegs und des Zweiten Weltkriegs aussetzen, und von 1951 an verhinderten Finanzprobleme die Ausrichtung. Erst seit 1955 findet die Vuelta durchgehend statt.

Tour de France 2001 mit fünfzehn Teilnehmern?

Wenn man das Reglement korrekt anwenden würde, dann hätte nur noch eine Handvoll Fahrer am 16. Juli 2001 die Tour de France bestritten. Auf der 8. Etappe der 88. Ausgabe von Colmar nach Pontarlier über 222 Kilometer machte sich eine Gruppe auf den Weg. Das Feld „nahm die Beine hoch", und die Ausreißer hatten rasch 22 Minuten Vorsprung. Da hatte man es sich zu leicht gemacht. Erik Dekker gewann die Etappe vor Aitor Gonzalez und Servais Knaven – doch alle Fahrer nach dem 15. hatten mehr als 35 Minuten Rückstand.

Die Jury hätte eigentlich mit einem Schlag hundert Teilnehmer eliminieren müssen – doch in außerordentlichen Fällen, wenn mehr als 20 Prozent der Fahrer zu langsam ist, kann die Karenzzeit ausgedehnt werden.
Mit diesem Zeitlimit bei der Tour de France ist es eine komplizierte Sache: Die Zeit des Siegers wird mit einem Koeffizienten multipliziert, der die längste mögliche Zeit angibt. Wenn die Strecke leicht ist, beträgt der Koeffizient vielleicht 4 Prozent, wenn schwer, 18.

Nur eine Handvoll kam durch

Meistens ist es das Wetter, das die Rennen beeinträchtigt, die Fahrer quält und zur Aufgabe zwingt. Bei allen großen Radrennen gab es Jahre, in denen man die gewerteten Fahrer an zwei Händen abzählen konnte. Manchmal sogar nur an einer. Am 3. April 1910 gingen 71 Fahrer an den Start von Mailand-Sanremo. Nur vier blieben übrig – und Sieger wurde Eugène Christophe, der mit den Gabelbrüchen und Träger des ersten Gelben Trikots, vor Cocchi, Machese und Sala. Es hatte geschneit, und die Temperaturen lagen um die null Grad. Auch 1968 bei Bordeaux-Paris kamen nur vier Mann an, doch das war ja lange Zeit ein Stammtischrennen für Profis: Elf Teilnehmer waren gestartet.

81 Starter, 8 „Finisher"

Der Giro d'Italia von 1914 hat zum ersten Mal eine Zeitnahme zu bieten. Doch viel Zeit war am Schluss nicht mehr zu nehmen: Von 81 Fahrern verabschiedeten sich wegen Schnee und Wind einige auf der ersten Etappe, und am Ende, nach 3100 Kilometer, waren noch 8 Fahrer aktiv. Es gewann Alfonso Calzolari, dem sogar eine dreistündige Zeitstrafe nichts anhaben konnte (er hatte sich von einem Auto durch Schlamm ziehen lassen). 1919 kamen von 66 Startern noch 15 ins Ziel. Bei der Tour de France war die vierte Ausgabe 1906 verlustträchtig: von 96 Startern erreichten nur 14 Paris. Auch 1920 konnte sich „sehen lassen": 113 ab, 22 an. Ähnlich der Giro im Jahr 1910: 101 Fahrer ab, 20 an.

Das war nett vom König

Der englische König George VI. hatte es sicher gut gemeint und wollte nett sein, als er für das Straßenrennen der Olympischen Spiele 1948 in London den in seinem Besitz befindlichen Great Windsor Park freigab. Auf den Parkwegen konnte man vielleicht gut reiten, Rad fahren aber schlecht. Die scharfen Steinchen zerschnitten Dutzende Reifen; von 101 Fahrern sahen nur 28 das Ziel. Und noch dazu herrschten an jenem Freitag dem Dreizehnten Regen und Sturm. Das alles konnte der König ja nicht wissen. Die Fahrer waren „not amused".

Deutsch-deutsche Kapriolen

In Tokio 1964 sollte nur eine deutsche Mannschaft starten; der Mauerbau war erst drei Jahre her. Die Rad-Vierer der BRD (Bundesrepublik Deutschland) und der DDR mussten sich um die Olympiateilnahme auf der 4000-Meter-Strecke duellieren. Nach Protest hin, Protest her wegen der Streckenlänge war die DDR im zweiten Lauf in Leipzig 0,65 Sekunden schneller. Noch bevor in Köln die nächste Runde gestartet werden konnte, musste die DDR einen herben Verlust hinnehmen: Ihr Fahrer Jürgen Kissner blieb „im Westen", das DDR-Team musste verändert werden und verlor gegen Gustav Kilians Vierer deutlich mit 2:34 Minuten Rückstand. Das Rückspiel in Leipzig entschied wiederum die „BRD" für sich, die somit in Tokio die deutschen Farben vertreten durfte. Das machte der Vierer gut: Er gewann Gold mit Claesges, Henrichs, Link und Streng.

Im Kreisverkehr

Von oben sieht das schön aus, wenn das Feld bei einer großen Rundfahrt um einen jener Kreisverkehre fährt, die seit zehn Jahren wie Pilze aus dem Boden geschossen sind. Warum fahren die einen links herum, die anderen rechts, mag man sich fragen. Jedenfalls stehen vorher Polizeibeamte da, und die Fahrer warnen sich vor einem bevorstehenden Hindernis, indem sie die Hand heben (das machen sie auch bei Pannen und Defekten, um Kollegen zu warnen und ihr Begleitfahrzeug zu verständigen). Das geht nicht immer gut, und Rennfahrer kriegen nicht mit, dass vor ihnen eine Verkehrsinsel droht. Dann ist dort manchmal überraschend Endstation.

Massensturz

Der Massensturz ist gefürchtet. Vor allem in den ersten Etappen der großen Rundfahrten, wenn alle hungrig sind, nervös und unter Druck, kommt es oft zu Massenstürzen. Eine ruckartige Bewegung, die sich fortsetzt durch das Feld, dann eine plötzliche Entfaltung von Chaos, das zur Ruhe kommt. Bis dann aus dem Knäuel von Rahmen und Reifen und Fahrern sich die Überlebenden sortieren, die Beschädigten ihr Begleitfahrzeug rufen und die Reise weitergeht. Bei Rundfahrten von Freizeitfahrern kommt es ja oft zu Stürzen, weil einer unvermittelt bremst und die anderen in ihn hineinknallen. Darum ist es am besten, vorn zu fahren oder hinten. Aber wie Marco Pantani einmal gesagt hat: „Es erwischt einen eben, ob man nun vorn fährt oder hinten." Beim Radfahren braucht man eine Portion Fatalismus.

Heimfahren

Jeder weiß, dass Sprinter sich in den Bergen schwer tun. Der Italiener Mario Cipollini hat bei der Tour de France regelmäßig vor den Pyrenäen und Alpen seinen Abschied genommen. Warum auch nicht? Er hatte ein paar Etappen gewonnen, der Rest wäre nur Quälerei gewesen, um dann im Gesamtklassement 49. zu sein oder 79. Doch die Fans (der anderen) und die Tour-Organisatoren haben ihm das immer krumm genommen; im Radsport herrscht noch das Ethos, dass Arbeit nicht schadet und Dabeisein und Ankommen wichtig sind.

Sallanches 1980: Die grausame Strecke der WM

Für die Straßenweltmeisterschaft 1980 hatten die französischen Organisatoren eine grausame Streckenführung in Sallanches geplant, weil die Bergziege Thévenet gewinnen sollte. Doch statt seiner kam Bernard Hinault und beschleunigte von Anfang an, setzte das Feld unter Druck – und diesmal konnte man die zahlreichen Aufgaben nicht auf das schlechte Wetter schieben: Gefahren wurde an einem

sonnigen Sonntag Ende August. Von den 107 Aspiranten erreichten nur 15 das Ziel. Auch Francesco Moser und Giuseppe Saronni gaben auf. Hinault zog gnadenlos an, und nur der Italiener Baronchelli konnte ihm folgen. Der Franzose kannte Italiens Teamchef Alfredo Martini gut, winkte dessen Wagen zu sich und sagte, er müsse Baronchelli (Gibì) die Anweisung geben, auch mal die Führung zu übernehmen. Martini sagte zu, doch dann, an Gibìs Seite, flüsterte er ihm zu: „Führ' keinen Meter! Du siehst, wie stark er ist!"
Der Italiener schont seine Kräfte, doch Hinault ist zu stark. Eine Minute müssen die Zuschauer im Ziel auf Baronchelli warten, und der Spanier Juan Fernández liegt sogar 4:25 zurück. Hinault hatte bereits im April bei Schneeschauern Lüttich-Bastogne-Lüttich gewonnen. 174 gestartet, 151 traten ab. Nur 21 kamen ins Ziel. Radsport kann grausam sein.

Die ausgedünnte Tour

Und dann gab es eine Tour de France, auf die sich alle gefreut hatten, weil der große Texaner abgetreten war und ein hübsches Duell in den Bergen zwischen Jan Ullrich und Ivan Basso stattfinden würde. Doch schon vor dem Start in Straßburg hatte die Tour 2006 plötzlich zehn Prozent Verluste im Fahrerfeld zu verzeichnen. Illustre Fahrer wie Ullrich und Basso, Mancebo und Beloki wurden von ihren Sportlichen Leitern wieder heimgeschickt. Wer weiß – vielleicht ist dieser Schlag für den Radsport eine Stunde Null, und mit dieser Tour begann (und nach diesem Buch beginnt) eine neue Geschichtsschreibung?

XII. Der Zieleinlauf

Alle warten im Ziel, die Fahrer sehnen das selbige herbei – endlich diese Fahne sehen, drauf zufahren, es geschafft haben! Aber auch in diesen letzten Sekunden passieren noch Pannen.

Sehard und Faber „en panne“

Die Ergebnisliste des ersten großen Radrennens der Welt – von Paris nach Rouen, 123 Kilometer, am 7. Juni 1869 – sagt: „Neunter Sehard, Abfahrt 7 h 30, Aufenthalt in Pont de l’Arche, Veloziped kaputt. Hat die Strecke mit seinem Instrument zu Fuß zurückgelegt. Kam um 10 h 43 abends an. Dauer der Fahrt: 15 h 13 min.“ Der Sieger James Moore brauchte 10 Stunden 40 Minuten. Auf Holzfelgen, mit einem 20 Kilo schweren Rad! Francois Faber trug ebenfalls sein Rennrad auf der Schulter durchs Ziel der siebten Tour de France 1909, weil ihm die Kette gerissen war. Er gewann diese „Tour“ vor Gustave Garrigou.

Kingsbury lag drei Inches vorn

Bei den Olympischen Spielen in London 1908 entschied Charles Brickwood Kingsbury das 20-Kilometer-Rennen in 34:13 Minuten für sich. Die Goldmedaille und die silberne trennte im Ziel ein Unterschied von drei Inches, was 7,62 Zentimetern entspricht. Das Nachsehen hatte sein Landsmann Benjamin Jones.

Der bestbesuchte Sprint aller Zeiten

Beim Kopfsteinpflasterrennen Paris-Roubaix, der „Hölle des Nordens“, gab es 1923 die größte Zielankunft der Rennsportgeschichte. Man hatte den Eindruck, das ganze Feld habe gesprintet. Eine echte Massenankunft: 156 Fahrer jagten aufs Ziel zu, und der glückliche Sieger war der Schweizer Henri Suter.

Chaos im Ziel

Bei der Zielankunft heißt es für die Funktionäre, ruhig Blut zu bewahren. Doch nicht immer gelingt es ihnen, den Überblick zu behalten. Die berühmte letzte Etappe auf den Champs-Élysées in Paris bei

der Tour de France 1931 versank im Chaos: Tausende begeisterte Zuschauer strömten zu früh über das Zielterrain, so dass der genaue Zieleinlauf nicht mehr festgestellt werden konnte.
In Berlin bei den Olympischen Spielen wurde erstmals seit 1906 das 100-Kilometer-Mannschaftsfahren im Massenstart ausgetragen. Doch der Kurs war flach, und dass das Feld nahezu geschlossen ankommen würde, damit hatte keiner gerechnet. Zwar konnten die ersten fünf Nationalteams gewertet werden – es gewann Frankreich vor der Schweiz und Belgien –, doch bei 17 Mannschaften wusste man nicht mehr, welcher der vierte (schlechteste) Mann war, der nicht mehr gezählt wurde. Also wurden alle Sechste, und so kamen Länder wie die Türkei, Bulgarien, Chile und Ungarn zu einer ehrenvollen Platzierung.

Ankunft – Artikel 20

Die Tour de France bemerkt in ihrem Reglement einiges zum Zieleinlauf. Im Artikel 20 steht über 2005: „Die Etappenankünfte werden durch eine rote Flamme symbolisiert, die durch einen aufblasbaren Bogen überspannt wird, der sich einen Kilometer vor der Ziellinie befindet. Bei einem Sturz, einer Reifenpanne (crevaison) oder einem sonstigen Defekt auf den – offiziell festgestellt – letzten drei Kilometern wird oder werden der oder die verunglückten Fahrer mit der Zeit der Fahrer gewertet, in deren/dessen Begleitung sie sich zur Zeit des Geschehens befanden. Ihre Platzierung richtet sich nach ihrem Überschreiten der Ziellinie; sollte ein Fahrer in der Folge eines Sturzes die Ziellinie nicht überschreiten können, wird er auf den letzten Platz der Etappe gesetzt.“ Kompliziert.

Jens Fiedler trägt sein Rad

Es kommt wohl „öfter vor, dass einer zu Fuß übers Ziel muss. Jens Fiedler, zweimaliger Olympiasieger im Radsprint, musste sich in Antwerpen am 30. September 2001 bei der Weltmeisterschaft nach einem Massensturz im Keirin-Finale aus dem Kuddelmuddel befreien und sein Rad per Hand über die Ziellinie transportieren. Noch dazu hatte er sich schwer an der Schulter verletzt.

Die Tour de France 1978 brachte die Fahrer auf die Palme. Es gab zu viele kurze Etappen, zu lange Transporte zu neuen Startorten und zu wenig Zeit. Irgendwann hatten die Profis die Nase voll. Als es in Richtung Valence d'Agen ging, ließen sie es provozierend ruhig angehen, plauderten, machten Witze und rollten mit 20 Kilometer in der Stunde dahin. Obwohl die Funktionäre furchterregende Drohungen ausgestoßen hatten, die bis zur lebenslangen Sperre reichten, stiegen die Fahrer unter Leitung von Bernard Hinault 100 Meter vor dem Ziel ab und schritten den Rest zu Fuß ab. Es gab Beifall der Zuschauer.

Unerklärliche Verlangsamung

Guy Lapébie aus Frankreich lag beim 100-Kilometer-Straßenrennen der Olympischen Spiele in Berlin 1936 gut, schoss mit Robert Charpentier aufs Ziel zu, doch dann wurde Lapébie unerklärlicherweise rapide langsamer und verlor um die Winzigkeit von 0,2 Sekunden. Als die Jury die Zielfotos näher betrachtete, erkannte sie, dass Charpentier seinen Landsmann am Trikot gezogen hatte. Den Olympiasieg hat man ihm dennoch gelassen.

Freut sich zu früh: Erik Zabel (1)

Bei der Andalusien-Rundfahrt 2002 war Erik Zabel in großer Form und trug das Blaue Trikot des Punktbesten. Auf der vierten Etappe am 20. Februar rauschte das Feld aufs Ziel zu, Zabel entschied den Spurt für sich und riss jubelnd die Arme hoch. Die Zuschauer waren perplex: Hatte nicht eine halbe Minute zuvor Javier Pascual Rodriguez vor ihren Augen die Etappe gewonnen? Hatte ihm nicht Antonio Colom den Vortritt gelassen, weil er weiter Erster der Gesamtwertung blieb? Der damalige Sportdirektor von Telekom, Rudy Pevenage, bestätigte den Eindruck: „Erik dachte, es wäre keiner mehr vor ihm."

Freut sich zu früh: Erik Zabel (2)

Zwei Jahre später, 2004, wieder Pech. Erik Zabel hatte den fünften Triumph bei Mailand-Sanremo fast schon in der Tasche. Er riss die Arme schon zum Jubel hoch, als der zweimalige Weltmeister Oscar

Freire noch an ihm vorbeischoss. Man musste das Fotofinish betrachten. Nach 294 Kilometern betrug der Abstand wenige Zentimeter. Freire sagte später, ihm sei das auch schon passiert, nun profitiere er auch einmal von voreiligem Jubel. „Ich bin schon sehr enttäuscht. Als ich an Petacchi vorbei war, habe ich gedacht, ich habe gewonnen. Schade, ich war so nahe dran“, sagte Zabel nach dem Rennen.

Freut sich zu früh: Mauricio Ardila

Auch der Kolumbianer Mauricio Ardila war nahe dran. Er sprintete am Ende der 13. Etappe der Vuelta im September 2005 den Berg hoch, schlug die Spanier Samuel Sanchez und Oscar Pereiro und jubelte bereits. Doch Ardila hatte die Markierung der Bergwertung für den Zielstrich gehalten und wunderte sich wohl, als Sanchez und Pereiro wortlos an ihm vorbeifuhren und einige hundert Meter weiter sich ein Duell lieferten. Samuel Sanchez schaffte es, und Ardila wurde enttäuschter Dritter.

Freut sich zu früh: Wiktor Kapitonow

Der Russe Wiktor Kapitonow und sein italienischer Konkurrent Livio Trapé hatten beim Einzel-Straßenrennen der Olympischen Spiele in Rom 1960 nach zehn Runden einen hübschen Vorsprung von zweieinhalb Minuten. Plötzlich spurtet der Russe los, der Italiener bleibt gleichmütig hinten, und Kapitonow reißt auf der Ziellinie triumphierend die Arme hoch: Sieg! Wirklich? Da gestikuliert jemand wie wild, er solle weiterfahren – und Wiktor, irritiert, begreift: Hat er sich doch tatsächlich um eine Runde verzählt! Die Via Flaminia in Rom, Trapé ist nun vorn, doch Kapitonow gelingt es, sich heranzuarbeiten, und kurz vor dem Ziel schlägt er nervenstark den Liebling der Italiener ein zweites Mal. Das ist der Olympiasieg nach 176 Kilometern.

Freut sich zu früh: Nino Defilippis

Die Flandern-Rundfahrt 1961 entschied im Sprint der Brite Tom Simpson für sich. Sein italienischer Kollege hatte eine Linie auf der Straße für den Zielstrich gehalten, die Arme jubelnd gen Himmel erhoben, doch Simpson sprintete weiter, dem echten Ziel entgegen und triumphierte. Anscheinend kommt so etwas häufiger vor.

Freut sich nicht: Marco Pantani

Der „Pirat" stürmt beim Giro d'Italia 1999 den Oropa hoch, überfährt fast Laurent Jalabert, und die Menge, die den Berg geentert hat, fällt fast ins Delirium, als er durchs Ziel fährt. Er nimmt dabei nicht einmal die Arme hoch und sagte später: „Ich habe nicht gewusst, ob vor mir jemand war, ich wollte mich nicht blamieren." Es war der Giro, bei dem er am 5. Juni wegen eines zu hohen Hämatokritwerts aus dem Rennen genommen wurde, weit in Führung liegend. Danach gewann er nur noch zwei Etappen der Tour de France.

Freut sich schreiend: Marco Pantani (2)

Bei der Etappe von Courchevel der Tour de France 2000 ging der Pirat durchs Ziel und schrie so laut, dass er die Zuschauer übertönte. Das war Ausdruck seiner Freude, nach dem Giro 1999, den er bis zu seinem erzwungenen Ausscheiden dominiert hatte, wieder der Alte zu sein. Die Erleichterung kulminiert im Schrei. Manchmal schrien Radrennfahrer auch im Moment der Attacke – Ferdi Kübler, Tour-Sieger 1950, soll einen fast tierischen Schrei ausgestoßen haben, während Petit-Breton, 1907 und 1908 der Stärkste der Großen Schleife, etwas wie einen schrillen Sirenenschrei losgelassen haben soll, als er sich anschickte, seine Gegner zu überholen.

Wird nicht gefeiert: José Beyaert

Nach 5:18,12 Stunden fuhr José Beyaert ermattet durchs Ziel des Straßenrennens der Olympischen Spiele in London 1948. Doch keine Hand regte sich für ihn. Die Zuschauer hatten ihn für einen überrundeten Fahrer gehalten. Diese Enttäuschung wird nicht der Grund dafür gewesen sein, dass er später nach Kolumbien auswanderte und sich in Bogotà niederließ.

Herzschlagfinale

Eines der größten Dramen im Ziel gab es bei der Straßenweltmeisterschaft 1972 in Gap (Frankreich). Franco Bitossi führt und nähert sich dem Zielstrich, und die Gegner rauschen von hinten heran. Plötzlich beginnt er zu schwanken, von links nach rechts, und wird zwei Meter vor dem Ziel vom Feld eingeholt, geschluckt, liegen gelassen. Sieger wird der Sprinter Marino Basso. Bitossi war über seinem Rad zusammengeklappt, „als hätte ihn ein Dolch durchbohrt". „Das freut mich für Marino", waren seine ersten Worte, nachdem er sich wieder erholt hatte. 1968 hatte er bei der Tour de France das Grüne Trikot des besten Sprinters erobert und war Achter geworden.
Der 1940 geborene Bitossi war das legendäre „cuore matto" der Italiener, das „verrückte Herz". Er gewann 1964 die Etappe Cuneo-Pinarolo mit fünf Gipfeln beim Giro. Doch sein Herz hatte Arrhythmien. Oft war er vorn, auf einer Alleinfahrt, als ihm die „Pumpe" einen Streich spielte. Und so sah man ihn oft, wie er sich an einem Lastwagen festhielt und sich das Herz massierte, während die Kameraden vorbeirollten, die dieses Schauspiel schon kannten und sich keine Sorgen machten. Wenn die Krise vorüber war, sprintete Bitossi wieder hinterdrein und überholte seine Gegner oft noch.

Triste Gesten

Beim Zieleinlauf gibt und gab es tausend Gesten des Siegers: das Kreuz küssen, das man um den Hals trägt; sich bekreuzigen; vielleicht ein imaginäres Kindlein wiegen, weil seine Frau eines erwartet … oder im Gegenteil: traurige Zielankünfte. Als Tom „Tommy" Simpson am 13. Juli 1967 tot am Mont Ventoux zusammengebrochen war – Ursache war die Hitze plus Alkohol und Medikamente –, war der französische Nationalfeiertag eingetrübt. Auf der Etappe von Carpentras nach Sète fuhren die Teams so dahin und ließen am Ende Barry Hogan, Simpsons Freund, durchs Ziel fahren. Der hatte Tränen in den Augen. Später hat Hogan die Witwe Simpsons geheiratet und dessen Kinder erzogen.

Auf der Tour de France 1995 starb Fabio Casartelli bei der Abfahrt vom Col d'Aspet. Am nächsten Tag wurde die Etappe nach Pau langsam gefahren, und schließlich rollten die Fahrer des Motorola-Teams – Casartellis Mannschaft – vor dem Feld gemeinsam über die Ziellinie. Die 70 000 Mark Tagesprämien gingen an die Witwe des Verunglückten, die Tour-Direktion steuerte noch einmal die gleiche Summe bei. Zwei Tage später gewann Lance Armstrong von Motorola die Etappe in Limoges und streckte seine beiden Zeigefinger zum Gedenken an seinen Mannschaftskollegen gen Himmel.

Zieleinlauf Hand in Hand

Hand in Hand ins Ziel: Auch das gibt es. Der Amerikaner Greg Lemond und der Franzose Bernard Hinault rollten 1986 über die Ziellinie von Alpe d'Huez und hielten sich dabei an den Händen. Beide fuhren für dieselbe Mannschaft, La Vie Claire. Längere Vorgeschichte: Der französische Industrielle Bernard Tapie hatte den besten Radfahrer (Hinault) eingekauft und dessen größten Konkurrenten (Lemond) gleich dazu. Zwei Chefs in der Mannschaft, das kann nicht gut gehen. Hinault war 1985 überlegen, und als Lemond dennoch angreifen wollte, kommandierte Sportdirektor Paul Köchli: „Nichts da!" Angeblich soll Lemonds Stillhalten mit einer Million Francs bezahlt worden sein – und mit dem Versprechen Tapies: Nächstes Jahr verhilft dir Hinault zum Sieg. Nach langen Kämpfen kam es so, und als der Mann in Gelb Lemond an den Serpentinen von Alpe d'Huez litt, „zog" ihn Hinault hoch, und oben – als er sein Versprechen praktisch erfüllt hatte – kam es zur Versöhnung.

Hand in Hand fuhren auch die Brüder Heiri und Max Suter durchs Ziel, als sie 1919 das Rennen „Rund um Zürich" gewannen. Sie waren schon früh ausgerissen, und so störte kein unliebsamer Konkurrent mehr den Schweizer Familiendoppelsieg.

Überhört 1896

Das erste Sechstagerennen der Geschichte im Madison Square Garden in New York 1896: Teddy Hale ist nach 144 Stunden zum Automaten geworden und hört den Pistolenschuss nicht, mit dem das Rennen endet. Er fährt einfach weiter ums Oval. Muss ein anstrengendes Rennen gewesen sein. Der 19-jährige Marshall Walter Taylor war in der fünften Nacht gestürzt und gleich eingeschlafen. Nicht einmal das Gebrüll von 12000 Zuschauern konnte ihn wecken – erst ein Betreuer, der ihn tatkräftig schüttelte.

XIII. Die Berge

Bei der Tour de France warten alle auf die dritte Woche. Die Alpen, die Pyrenäen, sie machen den Unterschied. Einer der höchsten ist der Col du Galibier. „Der Galibier frisst dir die Moral", schreibt Javier Garcìa Sanchez, „und Alpe d'Huez reißt dich in Stücke". In den Bergen zerfällt das Hauptfeld, jeder fährt für sich, die Qual beginnt, und hinten formieren sich „Gruppetti" mit Sprintern und schlechten Bergfahrern, die sich irgendwie, oft bei schlechtem Wetter, über die Pässe quälen. Der Col du Galibier, 2645 Meter hoch, war nicht einmal im Juli immer schneefrei. Bis heute mussten zeitweilig Räumfahrzeuge den Fahrern einen Weg bahnen. Oder die Fahrer rollten an Schneewänden vorbei. Das ist freilich mehr erschreckend als kurios. Und doch fehlen nicht die schrägen Episoden.

Der erste Bergkönig der Tour

René Pottier (1879–1911) war der erste Bergkönig der Tour de France. 1905 erstürmt er mit 20 Sachen den Ballon d'Alsace, so dass die Begleitautos – damals noch nicht so stark motorisiert – kaum folgen können. Henri Cornet zum Beispiel hatte eine Panne und wartete auf sein Begleitfahrzeug, das weiter unten ebenfalls eine Panne hatte: 20 Minuten verloren. Der arme Jean-Baptiste Dortignacq musste nach zwei Reifenpannen zwei Stunden auf der Felge weiterhoppeln.

Der erste Held auf dem Tourmalet – ohne Rad

Der erste Held der Tour de France im Hochgebirge hieß Alphonse Steines. Ohne Rad, im Anzug, mit Chauffeur. Der Journalist war Abgesandter von Henri Desgrange, der am 20. November 1902 zusammen mit Geo Lefèvre sich die Tour de France ausgedacht hatte. Übrigens fuhr Desgrange auf der Buffalo-Radrennbahn von Paris am 11. Mai 1893 den ersten Stundenweltrekord mit 35,325 Kilometern: eine höchst passable Leistung, vor allem für einen, der erst im Jahr zuvor Radfahren gelernt hatte. Sechs Jahre nach der ersten „Tour" war im Nachbarland der „Giro" auf die Reise gegangen, und Henri wollte einen Coup dagegensetzen: Zweitausender! Im Frühjahr 1910 war das.

Der Weg über den Aubisque soll hergerichtet werden: Das macht Steines in der Bar ab, indem er 3000 Francs bietet und zwei Flaschen Bordeaux-Wein springen lässt. Dann will er sich den Tourmalet ansehen. Der Chauffeur lässt Steines zurück, auch ein Schafhirte als Führer empfiehlt sich; es wird dunkel, der Journalist irrt über die Hochflächen, fällt fast in eine Schlucht, verirrt sich. Fast hätte der Tourmalet schon vor den Rennen ein Tour-Opfer gefordert. Doch am Morgen um 3 Uhr findet man den ausgefrorenen Alphonse Steines. Der, ganz Journalist, telegrafiert – nun wieder erwärmt – nach Paris, den Tourmalet zu bezwingen sei kein Problem.

Die mörderische Passfahrt

Einige Monate später. Es wird ernst. Der 21. Juli 1910 hielt die vielleicht schwierigste Etappe der Tour de France aller Zeiten bereit. Start war um 3:30 Uhr am Morgen. Der spätere Sieger Octave Lapize brauchte 14 Stunden und 10 Minuten für die 326 Kilometer von Luchon nach Bayonne. Col de Peyresourde, Col d'Aspin, Col du Tourmalet – zu letzterem kämpfen sich Lapize und Gustave Garrigou gleichzeitig hoch; später kommt überraschend noch Francois Lafourcade dazu und legt einen Gang zu. Garrigou macht wie in Trance weiter. Lafourcade ist Erster auf dem Col d'Aubisque, Lapize leidet und macht die letzten Meter fluchend zu Fuß, wobei er die Organisatoren lauthals beschimpft: „Ihr seid Mörder! Ja, Mörder!" Unten schlägt Lapize Pierino Albini im Sprint und bleibt hinterher bei seiner Ansicht: „Desgrange ist ein Mörder!" Die letzten Fahrer kommen tief in der Nacht an.

Die offene Rechnung

Wieder Luchon-Bayonne. Sechzehn Jahre später. Und wieder, um 23 Uhr, warten die Organisatoren auf die letzten Fahrer. 47 von 76 sollten die Etappe beenden. Um Mitternacht trudelt einer ein, dann radelt noch ein Dutzend matt durchs Ziel, doch schon schießt ein Mann auf die Funktionäre zu und schimpft: „Was für ein Skandal, eine Schande ist das! Sie haben mich nicht bezahlt! Ich habe fünfzehn von ihnen im Autobus mitgenommen, doch gegeben haben sie mir nichts!“ Lucien Cazaliz, Sekretär der Tour, drückte ein Auge zu und beglich die offene Rechnung. Desgrange erhöhte das Zeitlimit, auf 40 Prozent der Zeit des Siegers.

Der Rekord von 1941

Auch 1994 schaffte es kein Radsportler, schneller auf die Augustusburg hochzufahren als Werner Richter weiland 1941. Seine Zeit von 1941, als er mit 7:17 Minuten damals den Bergpreis gewann, blieb über 50 Jahre unerreicht. Richter sagte damals, 1994, der „Leipziger Volkszeitung“: „Wir hatten gute Windbedingungen, und auch unser Material war nicht das schlechteste.“ Die nächsten, mehrmalige deutsche Meister, hätten 1941 alle über 1 Minute Rückstand gehabt. Werner Richter fuhr die 18 Prozent Steigung seiner Dorfstraße immer mit dem Tourenrad, ohne aus dem Sattel zu gehen. 1991 stiftete er 1000 Mark für den, der seinen Rekord bricht. Vielleicht musste er ja mittlerweile das Geld bezahlen – Meldungen bitte an den Verlag.

Die Eisetappe zum Bondone 1956

Die Etappe von Meran zum Monte Bondone beim Giro 1956 ging in die Geschichte ein. Das Wetter schlug um, und die Temperatur sank innerhalb von einer Stunde um 30 Grad – auf minus 10. Der Schneesturm machte es den meisten Fahrern unmöglich, hochzufahren. Andere zeigten Symptome von Erfrierungen. „Dantesk“ haben Italiener diese Etappe genannt. Doch der Luxemburger Charly Gaul ist bekannt für seine Härte bei schlechtem Wetter. Sein Sportlicher Leiter Learco Guerra – er war 25 Jahre zuvor erster Rosa-Träger – ließ Gaul vor den Bergen manchmal in einen Bottich mit heißem Wasser tauchen, damit er die Anstiege besser bewältigt. Von den letzten Kilometern erinnerte sich der Luxemburger an nichts mehr. Man musste ihn im Ziel fast gewaltsam vom Fahrrad trennen, an das er nahezu angefroren war, und das steife Trikot musste man aufschneiden.

Einige Minuten später trafen seine Konkurrenten ein, darunter ein heroischer Fiorenzo Magni, der sich die Schulter gebrochen hatte und mittels eines Bandes mit den Zähnen den Lenker hielt. Er wurde

Zweiter der Gesamtwertung hinter dem Helden Gaul und beendete seine Karriere.

Vollbad in New York

Kleiner Einschub zu Guerras Vollbad-Einfall: Ein solches lockert die gequälten Muskeln. Der Deutsche Walter Rütt berichtete vom Sechstagerennen 1907 im Madison Square Garden: „Gegen 5 Uhr des Morgens nahm ich ein Bad, dem man 10 Liter Essig und 10 Kilo Meersalz beigefügt hatte. Als ich kaum ins Wasser gestiegen war, hörte ich draußen Lärm. Ich fragte, was geschehen sei, und erfuhr, das Vanderstuyft einen Vorstoß unternommen habe, und Stol nahe daran sei, abgehängt zu werden. Ohne mich zu besinnen, sprang ich aus dem Wasser und stürzte, wie ich war, auf die Bahn. Es gelang mir, wieder Anschluss zu bekommen und unser Vorsprung war gerettet.“ Sollte er wirklich nackt auf dem Fahrrad losgespurtet sein?

Gaul 1958 in der Chartreuse

1958 vor der Tour-Etappe von Aix-les-Bains nach Briançon (219 Kilometer) liegt der Engel der Berge Charly Gaul hoffnungslos hinten – er ist Sechster mit 16 Minuten Rückstand. Das Gelbe Trikot trägt Géminiani, Zweiter ist Favero, Dritter Anquetil. Doch dann kommt „sein“, Gauls Wetter: eisiger Regen bei tintenschwarzem Himmel. Raphael Géminiani bricht ein, Anquetil steckt auf dem Col du Porte auf, und Gaul fährt und fährt und fährt. Er rollt ins Ziel, 7:50 Minuten vor dem Zweiten Favero, 10:09 vor Géminiani, 14:35 vor Bobet und stratosphärische 19:01 vor Anquetil. Beim späteren Zeitfahren holt er sich das Gelbe Trikot und wird Tour-de-France-Sieger. Im Ziel der Etappe, die auch die Franzosen „dantesque“ nennen, soll Géminiani seine Kameraden, die ihm gegen Gaul nicht helfen wollten, als „Judasse“ bezeichnet haben. Das Zitat ist auch schon Gaul zugeschrieben worden – das sind die Probleme der Geschichtsschreibung.

Der Nähmaschinentritt

In den Bergen fuhr Charly mit kleiner Übersetzung, wodurch er häufig trat. Später hat Lance Armstrong diesen „Nähmaschinentritt“

wieder gepflegt und salonfähig gemacht. 100 bis 110 Pedalumdrehungen in der Ebene und kaum weniger beim Anstieg. Früher hielt man es für eine Schwäche, aus dem Sattel zu gehen und im Wiegetritt sich dem Pass zu nähern. Armstrong hat das geändert. Auch Pantani fuhr so, Virenque griff so an, während Jan Ullrich fast nie aus dem Sattel geht. Das können nur leichte, kleine und nervöse Fahrer. Überhaupt sollen die echten Bergfahrer ja eine Kaste für sich sein. Wird man als Bergfahrer geboren? Schon. Doch man kann sich auch umtrainieren. Laurent Jalabert war bis 1994 ein reiner Sprinter, doch durch fleißiges Arbeiten wurde er zu einem hervorragenden Allrounder, der auch für einen Sieg in einer großen Rundfahrt in Frage kam.

Literatur: Dante und Don Quijote

Das schreckliche Wetter in den Bergen. „Dantesco" bei den Italienern, „dantesque" bei den Franzosen – dies ist natürlich eine Anspielung auf Dante Alighieris „Göttliche Komödie", dessen Erzähler im ersten Teil in die Hölle hinabsteigt. Auch die Spanier verknüpften den Berg mit Literatur. In den beiden vergangenen Jahren der Vuelta in España widmete die Region Castilla-La Mancha die dort stattfindenden Bergetappen dem „Ritter von der Traurigen Gestalt", Don Quijote von La Mancha. Er ist die Hauptgestalt des gleichnamigen, 1605 erschienenen Romans von Miguel de Cervantes y Saavedra (1547–1616). Die PR-Firma erklärte, der Kampfgeist des dürren Ritters zeige, „was es heißt, ein Radfahrer zu sein". „Für Don Quijote war der Berg etwas Besonderes", und die Aspiranten auf das Bergtrikot erinnerten am ehesten an den Kampf Don Quijotes „gegen diese Giganten, die Windmühlen waren – weil jeder Pass sich in einen wirklichen Giganten verwandelt".

Bahamontes' Vanilleeis auf dem Gipfel

Eine der berühmtesten Anekdoten im Radsport stammt von Federico Martìn Bahamontes, dem „Adler von Toledo". Bei der Tour de France 1953 ging es den Romeyère-Pass hinauf. Bahamontes riss mit Lazarides, Le Guilly und einem Belgier aus. Der Adler brach dann

los, und nach wenigen Minuten war er alleine vorn und auch Erster auf dem Pass – obschon ihm ein Stein einige Speichen am Hinterrad demoliert hatte und die Bremsen nicht mehr gut waren. Die Sonne schien. Bahamontes wollte einen Moment Pause machen, die direkten Gegner waren eine Viertelstunde hinten, das Hauptfeld noch weiter … Er legte sein Rad auf eine Wiese, ging zu einem Kiosk, bestellte höflich ein Vanilleeis und nahm es mit. „An eine Mauer gelehnt, zwischen all den Franzosen, ließ er sich das Eis schmecken und das Leben, das in dieser banalen Geste lag. Das darin lag, oben zu sein, und als Erster", schrieb der italienische Autor Ugo Riccarelli.
Der Adler von Toledo machte das häufiger, ihm genügte der Gipfelsieg, außerdem hatte er Angst vor der Abfahrt. (Übrigens war auch der große Charly Gaul kein mutiger Abfahrer.) Als das Hauptfeld herangekeucht kam, stieg Bahamontes wieder auf und rollte in Gesellschaft bergab. Die liebenswerte Marotte der Pause auf dem Berg war kein Hindernis für weitere Triumphe. Das Bergtrikot gewann er jenes Jahr und insgesamt sechs Mal bei der Tour de France. Auch später war Federico Martin Bahamontes immer ein echter Herr, mit Stil und jung geblieben. Und streitbar! Er wagte es, den französischen Liebling Richard Virenque zu schmähen: Man habe ihm die Bergsiege auf dem Silbertablett serviert, Lucien van Impe und Gaul seien besser gewesen.

Die verwegenen Abfahrer

Natürlich gab es auch immer waghalsige Abfahrer. So einer war der Schweizer Castor Notter, in den zwanziger Jahren aktiv gewesen. Mancher Zuschauer konnte gar nicht zuschauen vor Angst. Scherzbold Notter sagte: „Ein Dachdecker ist an ganz andere Sachen gewöhnt!"
Berühmt geworden ist die rasante Abfahrt Jacques Anquetils im Nebel vom Port D'Envalira bei der Tour de France 1964. 1990 machte Greg Lemond mit 100 Sachen eine der riskantesten Abfahrten der Geschichte der Tour, auf der Etappe zwischen Lourdes und Pau gelang es ihm 51 Kilometer vor dem Ziel noch, den Anschluss zu Pedro Delgado und Claudio Chiappucci herzustellen.

1992 fegte der Ire Sean Kelly vom berühmten „Poggio“ hinunter, um Mailand-Sanremo zu gewinnen. Er sagte: „Ich riskierte alles. Es war eine Kamikaze-Abfahrt. Ich hatte nichts zu verlieren.“ So denken verwegene Abfahrer. Paolo Savoldelli ist auch so einer, darum nennen sie ihn den „Falken“. Kurios war auch die Abfahrtshaltung Marco Pantanis bisweilen, das Hinterteil ganz nach hinten genommen und hinter dem Sattel hockend. Der Russe Wladimir Pulnikow soll einmal mit 100 Kilometer pro Stunde gestoppt worden sein. Zum Glück gibt es bei Radrennen keine Strafen wegen zu hohen Tempos. Denn eigentlich gilt bei Ortsdurchfahrten ja 50.

Abfahrer mit Zeitung

Marco Pantani hat einmal in einem Buch zugegeben, er lese nichts, keine Bücher; allenfalls blättere er Zeitschriften durch. In Italien hielt sich über Jahrzehnte das Klischee, der Radrennfahrer sei ein bisschen doof, und wenn er nach der Etappe in die Kamera schaue, könne er nur sagen: „Ich grüße meine Mamma. War ich gut?“ Doch oben auf dem Berg wird der Radler zum Intellektuellen. Er greift erfreut nach jeder Zeitung, die ihm gereicht wird. Er stopft sie sich unters Trikot, das hält den kalten Fahrtwind ein wenig ab. Den Journalisten und den Freund des gedruckten Worts wird es freuen. Vielleicht trägt der Radprofi so die Seite der „Gazzetta dello Sport“ über der Brust, auf der seine Leistung vom Tag zuvor kritisiert wird. Manchmal wärmt auch Kritik das Herz.

Chute!

Leider kommt es dabei auch zu Stürzen. Das ist schlimm und überhaupt nicht kurios. Höchstens Jan Ullrichs Salto von der Strecke ab war es. Er ging ebenso glücklich aus wie 1951 der Sturz des niederländischen Fahrers Wim van Est bei der Tour de France, der als Führender in der Gesamtwertung 50 Meter tief in eine Pyrenäenschlucht fiel. Er wurde durch ein Seil hochgezogen, für das man Fahrradmäntel ineinander geknotet hatte. Doch die Tour war für ihn vorbei.

20 Prozent

Galibier (2645 m), Tourmalet (2112 m) und Mont Ventoux (1912 m) dürften die berühmtesten Berge der Tour de France sein, der Mortirolo schmückt den Giro d'Italia, der Angliru jagt den Fahrern der Vuelta Angst ein, der Poggio ist bei Mailand-Sanremo zu überwinden. Doch dann gibt es die legendären „Mauern" der flämischen Rundfahrten. „Ah, le mur!" ruft der Kenner aus. Der Mur de Grammont oder Muur van Geraardsbergen ist der schwerste Anstieg der Flandern-Rundfahrt, die man auch die „Ronde" nennt. Erstmal klingt es harmlos: Länge: 1000 Meter, Höhe bei Beginn 18 Meter, Gipfel 110 Meter, Höhenunterschied 92 Meter. Doch dann kommt's: durchschnittliche Steigung 9,2 Prozent, maximale Steigung – 20 Prozent!

Beim Wallonischen Pfeil stellt sich der „Mur de Huy" den Radfahrern in den Weg. Länge 1200 Meter. Nach 200 Metern beginnen 700 Meter mit Steigungen von 16 Prozent, die in einer Schikane von 19 Prozent (innen gefahren: 22 Prozent) kulminieren. Und die sind nicht gepflastert, und was das bei Regenwetter bedeutet, kann man sich ausmalen. Komisch: Im Fernsehen sieht man nie, wie steil ein Berg wirklich ist. Die Hubschrauber filmen von oben, die Motorräder von der Seite, aber die Steilheit, die muss man wohl selber erfahren.

Die einsamen Solisten

Kurios, dass Radrennen, bei denen fast 200 Männer frohgemut gemeinsam starten, für manchen die Einsamkeit in Vollendung bereithält. So ist das bei den Ausreißern, die viele Kilometer alleine durchs Gebirge fahren, immer am Anschlag, die Verfolger im Nacken und das Motorrad neben sich, das den aktuellen Zeitabstand auf einer Tafel zeigt. Grausam. Am grausamsten, wenn der Ausreißer nach seinen Qualen wenige Kilometer vor dem Ziel geschluckt und nach hinten „durchgereicht" wird. Die längste, einsamste Solofahrt in den Bergen legte Gino Bartali zurück, und 1991 war Thierry Marie 234 Kilometer alleine unterwegs, vor dem Feld. Von seinen 22 Minuten Vorsprung rettete er noch 2 Minuten ins Ziel. Er sagte hinterher: „Es war schrecklich. Ich wusste nicht, wo ich war."

Am 17. Juli 1994 riss Eros Poli, der groß gewachsene schöne Eros, bei Kilometer 60 aus, das Feld nahm es nicht ernst, und am Fuß des Mont Ventoux hatte er sage und schreibe 23:45 Minuten Vorsprung vor dem Peloton. Doch dann verlor er pro Kilometer eine Minute, die Jäger kamen immer näher, und oben auf dem Berg lag Poli nur noch 4:35 Minuten vor Marco Pantani und 6:03 vor einer Gruppe um Miguel Induràin. Doch es sollte reichen – in Carpentras traf Eros Poli als Triumphator ein. Solche Siege sind historisch. Da störte es den Italiener auch nicht, dass er im Tour-Schlussklassement nur 115. von 117 Gewerteten wurde.

Die Autos in die Schlucht!

Den Giro d'Italia 1960 gewann Jacques Anquetil. Der Berg Gavia kam den Organisatoren so steil vor, dass sie für die Fahrer eine spezielle Versicherung abschlossen. Für die begleitenden Autos galt, dass man sie, wenn eines nicht weiter konnte an den steilen Rampen, in den Abgrund stürzen sollte, um das Rennen nicht zu blockieren. Natürlich ohne Passagiere. Das ist der Wunschtraum jedes Rennradlers: fort mit den Autos! Hinunter mit ihnen in die Schlucht!

Der Countdown

Auffi muaß i! Zwei prominente Berge stellen dazu den passenden Countdown bereit. Beim 2760 Meter hohen Stilfser Joch in Südtirol und dem Anstieg nach Alpe d'Huez in Savoyen (1912 Meter) sind die Serpentinen absteigend nummeriert. 48 sind es beim „Passo Stelvio", 21 bei Alpe d'Huez. Das Leiden hat eine Zahl. Die Qualen haben irgendwann ein Ende. Oben ist der Nullpunkt (der Kräfte) und der Sieg. Die Kurven von Alpe d'Huez tragen sogar inoffiziell Namen berühmter Bergfahrer. Und seit vielen Jahren ist die höchste zu überquerende Erhebung des Giro d'Italia die „Cima Coppi" (Coppi-Gipfel), meist identisch mit dem Stilfser Joch. Erstmals sprach man davon 1965, fünf Jahre nach dem Tod des Champions. Nun wird auch Marco Pantani (1970–2004) bei jeder Ausgabe des Giro d'Italia ein Berg gewidmet.

72-mal hoch und runter

Der Liechtensteiner Extremsportler Marcel Knaus hält seit dem 17. Juli 2005 den Rekord der meisten innerhalb von 24 Stunden absolvierten Höhenmeter: 18 093,6. Dazu musste er bei Wildhaus in der Ostschweiz eine Steigung zwischen 1089 und 1341 Meter Höhe – 251,3 Meter – 72-mal hinter sich bringen. Rauf und runter, rauf und runter. Hat sicher Spaß gemacht. Rekordhalter vor Knaus war der Italiener Alessandro Forni gewesen, der am 20. Oktober 2002 exakt 17 612 Meter geschafft hatte. Er fuhr 23-mal in Trient eine Strecke des Höhenunterschieds von 770 Meter.

XIV. Der Beau auf dem Bike

Ganz früh fuhr man mit Knickerbocker-Hosen, Baskenmütze und Tweedpullover: englisch eben. Dann wurde mit den Jahrzehnten alles windschnittiger, das Fahrrad leichter. Man vergleiche das Foto von Maurice Garin mit dem Schnauzbart 1903 mit Mario Cipollini 2003. Eigentlich weiß man nicht, wer von beiden kurioser ist. In hundert Jahren wird man darüber entscheiden.

Die Hitze!

Fangen wir von oben an. Der Kopf wurde zunächst von einer Baskenmütze geschützt, dann von einer Rennmütze. Beide Mützen schützten durch ihre Schilde eigentlich nur die Augen gegen die Sonne statt den Kopf gegen Sturz. 1957 bei der Tour de France war die Hitze so groß, dass 31 Profis während der ersten vier Tage aufgaben. Unter ihnen war auch der spätere Gewinner von 1958, Charly Gaul, der gern in den Bergen gezeigt hätte, was in ihm steckte. Doch hatte ihn der Sonnenstich erwischt. Vielleicht hatte er nicht zu dem Mittel seiner Kollegen gegriffen: sich Kohlblätter oder andere Gewächse zwischen Haare und Rennmütze zu schieben. Beim Race Across America muss man viele Stunden unter der sengenden Sonne dahinradeln. Manche Fahrer, wie Mitte der neunziger Jahre der Deutsche Klaus Haetzel, packen sich zerstoßenes Eis unter den Helm, doch das brennt manchmal wie kaltes Feuer, ist aber besser als ein Sonnenstich.

Immer Kopf hoch!

Täglich 20 Stunden auf Highways, die nicht enden wollen. Da hilft die Parole „Kopf hoch" nicht mehr, denn die Nackenmuskeln drohen zu versagen. 1995 geschah dies einem Staatsanwalt aus San Francisco. Auch 7 Stunden Pause in einem Krankenhaus halfen nicht viel, bis ihm sein Team aus Gummiband eine Haltekonstruktion für seinen Kopf bastelte. Andere Fahrer kommen nur an, weil sie sich den Kopf in eine Hand stützen, die wiederum auf dem Fahrradlenker ruht. Um diesen Schwierigkeiten vorzubeugen, fuhr Seana Hogan aus San José, die von 1992 bis 1997 den Solo-Wettbewerb für Frauen dominierte, ihre 30 000 Kilometer im Jahr stets mit einem schweren Motorradhelm auf dem Kopf. Damit trainierte sie ihre Nackenmuskeln, und das funktionierte.

Helmpflicht

Jean Robic, der Kämpfer aus der Bretagne, hieß Tête de Cuir oder Casque de Cuir. 1947 war er der Erste, der einen rudimentären Helm trug. Außerdem soll er einen Ring getragen haben, in den die Worte „Kenbeo Kenmaro" eingraviert waren. Was Japanisch klingt, war Bretonisch und heißt übersetzt „Auf Leben und Tod". „Poldi, ein ganz Vorsichtiger, erregte bei uns besondere Bewunderung: Er erschien mit einem Sturzhelm!" Das schrieb der Wiener Bahnfahrer Rudi Valenta ganz erstaunt über einen Kollegen.

Vierzig Jahre danach war der Helm immer noch nicht serienmäßig auf den Straßen von Giro und Tour. Als Fabio Casartelli bei einer Abfahrt der Tour de France 1995 starb, trugen nur 3 von 121 Fahrern einen Helm; ein schwacher Trost ist, dass ein Helm Casartelli auch nicht gerettet hätte, der mit voller Wucht mit dem Kopf an einen Begrenzungsstein prallte. Nun wirkt zum Glück kurios, wer keinen Helm trägt. Und kurios wirken die Helme der Fahrer beim Zeitfahren, die sich lang nach hinten erstrecken und deren Spitze irgendwo am siebten Rückenwirbel endet.

Blind wie ein Maulwurf

Brillen trug früher nur, wer wirklich schlecht sah. Heute sind sie freilich schöne Accessoires. Learco Guerra, der italienische Spitzenfahrer der dreißiger Jahre, gewann 1934 beim Giro 10 von 17 Etappen, und niemand verstand, wie er mit seiner dauernd verschlammten Brille etwas sehen konnte. Weitere bekannte Brillenträger: Fabio Roscioli, Alex Zülle (von dem man sagte, ohne Brille wäre er blind wie ein Maulwurf gewesen; doch das hinderte den Ostschweizer Radrennfahrer nicht daran, zweimal die Vuelta zu gewinnen) und Laurent Fignon – der Mann mit Nickelbrille, den man darum „Professeur" nannte. Doch schon 50 Jahre vor ihm gab es einen Fahrer, den sie wegen seiner Brille „radelnden Professor" nannten – Arie

Gerrit van Vliet aus den Niederlanden, der mit 20 Jahren 1936 in Berlin Olympiasieger im 1000-Meter-Zeitfahren wurde.

„Il Bello" machte Schule

Der schöne Mario Cipollini, genannt „Il Bello", brachte Erotik in den Radsport. Der 1967 geborene Fahrer aus Lucca in der Toskana war 17 Jahre im Geschäft, holte 189 Siege und gewann die schnellste Etappe der Tour de France (1999 nach Blois, Schnitt von 50,355 Kilometer pro Stunde) und die schnellste Weltmeisterschaft (2002, Zolder, 46,583): ein Beau mit Qualitäten. Nicht nur hatte er einen Aufkleber der „Baywatch"-Darstellerin Pamela Anderson als Stimulus auf dem Lenkervorbau, sondern auch ein Bildchen von Pater Pio auf der Unterwäsche und stets den Rosenkranz einer Tante von Mario Scirea, einer Klosterschwester, im Gepäck: Bei Italienern ist das kein Widerspruch.

Cipollini führte den durchgehenden Rennanzug ein und den „Body", auf dem alle relevanten Muskeln nachgezeichnet waren. Dieser wurde später bei einer Wohltätigkeitsveranstaltung versteigert. Mario Cipollini stieg im „Inter-Mailand"-Dress von Ronaldo aufs Podium und bei der Tour de France auch in der Tunika eines römischen Kaisers, Lorbeerkranz auf dem Haupt inklusive: Spaß muss sein. 1996 präsentierte er sich mit dem Kopf eines brüllenden Löwen auf den roten Socken, die das Trikot des italienischen Meisters komplettierten.

Andere schöne Fahrer

Andere schöne Fahrer waren Octave Lapize, der wegen seiner gepflegten Haare auch „Le Frisé" genannt wurde. Er holte sich 1910 beide Pyrenäen-Etappen mit klarem Vorsprung vor Faber. Erwähnt werden soll hier auch sein Zeitgenosse und Kollege Giovanni Micheletto, der berühmt dafür war, dass er sich mit einem Taschentuch die Nase schnäuzte; das war damals schon etwas Besonderes. Der Schweizer Hugo Koblet, Tour-Sieger 1951, erhielt von dem Chansonnier Jacques Grello in der Zeitung „L'Équipe" den berühmt gewordenen Namen „Le pédaleur de charme". Koblet achtete schon vier Jahrzehnte vor Cipollini auf sein Outfit. Der groß gewachsene Eros Poli hieß „Beau

Eros". Der neueste Schöne ist Filippo Pozzato, 24, Sieger Mailand-Sanremo 2006. Man nennt ihn wegen seiner blonden Löckchen auch „Pippo il bello".

Beim Start zum ersten Giro d'Italia am 13. Mai 1909 wurden alle Rennfahrer fotografiert. Vermutlich nicht für die Schönheitsgalerie, sondern um auch sicherzugehen, dass ein und derselbe Fahrer tätig war und sich nicht unterwegs doubeln ließ.

Rasierte Unterschenkel

Ein gewisser Fetischismus richtet sich im Radsport auf das Bein. Das ist verständlich, bewegt sich der Fahrer doch damit fort. Die Rennfahrer rasieren sich die Unterschenkel, damit im Falle eines Sturzes keine Härchen in die Wunde geraten können. Außerdem sieht es gut aus: eine Wade von hinten betrachtet, an der sich der arbeitende Muskel schön abzeichnet; auch wenn es immer etwas deprimierend ist, das von hinten sehen zu müssen. Auch die gewaltigen Oberschenkel der Sprinter sind schöne Exemplare. Ansonsten sind Radfahrer oft dünn; rechte Hänflinge sind sie, vor allem die Bergfahrer.

Gelb und rosa

Das Gelbe Trikot war eine Entscheidung von Henri Desgrange, nachdem ihn Kollegen gedrängt hatten, dem Spitzenreiter ein besonderes Kleidungsstück zuzugestehen. Da die Zeitung des Gründers, „L'Auto", auf gelbem Papier gedruckt wurde, war die Entscheidung für ein Gelbes Trikot nur logisch. Als Erster trug es Eugène Christophe (1885–1970) im Jahr 1919 – 16 Jahre nach der ersten „Tour" – auf der 325 Kilometer langen Etappe von Grenoble nach Genf. In Italien dauerte es nach dem 13. Mai 1909, dem Start zum ersten Giro d'Italia, 22 Jahre bis zum ersten Rosa Trikot. Learco Guerra trug es 1931 nach seinem Sieg auf der ersten Etappe. Auf rosa Papier wurde – und wird noch heute – die 1896 gegründete „Gazzetta dello Sport" gedruckt.

Gelb war das Trikot des Führenden in der Gesamtwertung bei der DDR-Friedensfahrt, gelb ist es bei der Vuelta d'Espagna (Maillot amarillo) und bei der Tour de Suisse, bis es golden wurde (Jersey oro), und die Tour de Faso – die Burkina-Faso-Rundfahrt in Afrika – zeichnet ihren Führenden auch mit Gelb aus. Der beste Afrikaner erhält das Blaue Trikot.

Nur ein Trikot!

Artikel 10 des Tour-de-France-Reglements nennt die relevanten Trikots und legt auch deren Reihenfolge fest: Zunächst Gelbes Trikot, dann Grünes Trikot (bester Sprinter), Trikot mit den roten Punkten auf Weiß (Bergtrikot), Weißes Trikot (bester junger Fahrer). „Wenn ein Fahrer Führender in verschiedenen Gesamtwertungen ist, trägt er natürlich nur ein einziges Trikot: das, das in der Reihenfolge weiter vorn liegt. Die anderen Trikots werden dann von den ihm folgenden Fahrern getragen, also vom Zweiten, Dritten oder Vierten des jeweiligen Klassements." Also nicht drei Trikots übereinander! Das Grüne Trikot ging zum ersten Mal 1953 ins Rennen, und nur in einem Jahr war es nicht grün, sondern rot. Das war 1968. Ob das politische Gründe hatte?

Das Maglia spumante

Das „Maglia spumante", was ist es? Niemand hat es je gesehen. Die Internetseite Cycling4fans definiert es so: „Fiktives Trikot, geschaffen von cycling4fans-usern für die überzeugendste (Asti spumante) Sektflaschen-Öffnungs-Performance durch den Sieger, diese Wertung hat bereits Einzug gefunden bei Eurosport."

Seide und Wolle

1939 musste der beliebte französische Kletterer René Vietto ins Zeitfahren. Er war Träger des Gelben Trikots, und für das Rennen gegen die Uhr bestellte er bei einer Firma in Lyon ein seidenes Trikot, obwohl er wusste, dass dies verboten war. Auch Mütze und Sonnenbrille ließ er beiseite, um Gewicht zu sparen. Zwar fuhr er gut, doch reichte es nicht, und dann bekam er wegen des Seidentrikots auch noch eine Zeitstrafe von zehn Sekunden. Vietto war wütend und warf anscheinend den Veranstaltern das schöne Seidentrikot vor die Füße. Wilde Geste, aber er hatte es ohnehin verloren und wurde am Ende Fünfter. Dennoch war er in jenem Jahr der beliebteste Fahrer.

Der Mann von den Anden

Alvaro Mejìa war, wie Lance Armstrong meinte, „womöglich eines der größten Naturtalente“ im Radsport. Der 1967 geborene Bergfahrer kam aus Kolumbien, von den kalten und hohen Anden also, und anscheinend war er warme Kleidung gewohnt. Der siebenmalige Toursieger erinnerte sich an ein gemeinsames Training 1993 in den Bergen Italiens: „Er hatte immer eine Menge Kleidung an. Wurde die Hitze auch noch so unerträglich – er trug stets Handschuhe. I could never understand it“, so Armstrong. Im selben Jahr wurde Mejìa Vierter bei der Tour de France, aber sein riesiges Talent in eine große Karriere umzusetzen, gelang ihm nie. 2003 beendete er den Profisport.

Welche Farbe?

Es gibt Radsportexperten, die versuchen, alle Trikots aller Mannschaften bei der Tour de France, bei Giro und Vuelta zu rekonstruieren. Welche Probleme da auf den Historiker zukommen, kann Jean-Louis Bey auf der Internetseite „Mémoire du cyclisme“ nur andeuten. Er habe über das Netz mit vielen „fanatischen Verrückten“ Material ausgetauscht: Die Farben der Trikots aus den fünfziger Jahren seien schwer zu rekonstruieren. Ein Grund sei das Material. „Die Trikots aus Baumwolle unterliegen farblichen Veränderungen durch Gebrauch (Sonneneinstrahlung) sowie durch Behandlung (das Waschen). Darum ist es manchmal schwierig zu entscheiden, ob ein Trikot schwarz oder dunkelbraun war, orange oder blutrot, weinfarben oder weiß oder grau – abgesehen von der Tatsache, dass es manchmal einfach nur schmutzig ist.“

Das Schwarze Trikot

Bei einem schwarzen Trikot ist kein Zweifel möglich. Die Organisatoren des Giro d’Italia hatten es zur Belustigung der Zuschauer 1946 für das erste Rennen nach dem Krieg eingeführt. Es sollte dem Letzten gehören. Luigi Malabrocca, wegen seiner Augenform von Coppi „Der Chinese“ genannt, gewann es zweimal hintereinander. Die Leute wollten immer nur wissen, wer die Etappe gewonnen hatte, wer in

Rosa fuhr und wer das Schwarze Trikot trug. Die Prämie für das „kleine Schwarze“ kam durch Spenden von Fans herein, und 1948 war das besonders einträglich: Malabrocca verdiente 280 000 Lire damit. Er war als letzter der 50 überlebenden Fahrer ins Ziel gekommen und hatte den hübschen Rückstand von 5 Stunden und 52:20 Minuten hinter Coppi. Zusätzlich erhielt er 20 000 Lire für seine Mitwirkung im Film „Totò beim Giro d' Italia“. Zum Vergleich: 5 Lire kostete 1945 die „Gazzetta dello Sport“ (heute fast 1 Euro). Der „schwarze Mann“ wurde damit fast so bekannt wie Bartali und Coppi.

Letzter um jeden Preis

Schließlich wurde das Schwarze Trikot begehrt. Eine Reihe von Fahrern fuhr für das „umgekehrte Gesamtklassement“. Und Malabrocca bekam auch einen ernsthaften Konkurrenten: den Arbeiter Sante Carollo. Er wurde auf der ersten Etappe 1949 Letzter, weil Malabrocca seinem deutschen Kapitän Fritz Schär helfen musste. Nun hieß es für Malabrocca, alle Tricks anzuwenden, um schlechter zu sein als Carollo. Er streifte Felsen, schlug sich in die Büsche, versteckte sich in Garagen, achtete aber darauf, nicht zu viel Zeit zu verlieren. Doch 1949 dann sperrten die Organisatoren das Schwarze Trikot wieder in den Schrank. Malabrocca wandte sich dem Radcross zu.

Auch bei der Tour de France war der letzte Platz früher begehrt, weil der betreffende Fahrer gern zu den lukrativen Nach-Tour-Kriterien eingeladen wurde. In Frankreich hieß der letzte Platz die „rote Laterne“, und der Träger staffierte sich zuweilen sogar mit einer solchen aus. Über den Letzten wird auch heute noch gern geschrieben, weil das kurios ist. 1980 noch wurde am Abend eines Etappentages jeweils der Letztplatzierte von der Rundfahrt ausgeschlossen.

Radwettlangsamfahren

Einschub: Einer „Umkehrung“ der Werte im Radsport hatte sich auch der deutsche Arbeitersport verschrieben, aus dem der älteste Radfahrklub der Welt hervorging, der 1869 gegründete „Altonaer Bicycle-Club“. 1925 wurde in Uetersen in Niedersachsen ein „100-Meter-Langsamfahren“ veranstaltet. Cycling4fans zitiert: „Dabei mussten die Teilnehmer eine bestimmte, nur 1 m breite Strecke möglichst langsam zurücklegen. Sofortige Disqualifikation gab es bei Absteigen und Anhalten. Da solch ein Fahren eine gute Beherrschung des Körpers und des Fahrrades verlangte, kam dieser Disziplin verkehrserzieherische und sportliche Bedeutung zu." Im Jahr 1926 meldete der österreichische Radfahrerklub Eiche Mils (bei Hall): „In den ersten Nachmittagsstunden begannen wir mit einer Langsamfahrt, bei der unser Fähnrich Franz Lahartinger als Sieger hervorging. Seine Leistung war ein Meisterwerk, denn er fuhr die 110 m lange Strecke in 32 Minuten und 48 Sekunden."

Eine Verkleidung (1)

Bei der Tour de France 1911 war Paul Duboc die große Überraschung. Am Col du Tourmalet wurde sein Durst so stark, dass er von einem Zuschauer eine Trinkflasche annahm. Kurz darauf brach er zusammen: Der Inhalt der Flasche war vergiftet. Duboc nahm das Rennen wieder auf und quälte sich als Letzter ins Ziel. Die Fans von Duboc waren aufgebracht, und Henri Desgrange musste Ungemach befürchten. Denn es war ein Flugblatt aufgetaucht, das Gustave Garrigou – Tour-Sieger 1907 und Führender der Gesamtwertung – beschuldigte, Duboc vergiftet zu haben. Duboc beteuerte, damit nichts zu tun haben. Hans Blickensdörfer schreibt: „Und so geschieht es zum ersten und letzten Mal bei der Tour de France, dass der Rennleiter höchstpersönlich einen Fahrer ‚verkleidet'. Garrigou erhält eine dunkle Brille und wird in ein anderes Trikot gesteckt. Außerdem wird der Rahmen seiner Maschine mit einer anderen Farbe überpinselt, und drei jener knatternden und vorsintflutlichen Automobile des Jahres 1911 ‚umzingeln' Garrigou buchstäblich während der Fahrt durch Rouen, dessen Straßen schwarz sind von aufgeregten, rachsüchtigen Menschen." Der Coup gelang.

Eine Verkleidung (2)

Marco Pantani, aufstrebende Hoffnung des italienischen Radsports in den neunziger Jahren, war 1995 beim Rennen Mailand-Turin schwer gestürzt. Beim Aufprall auf ein Auto hatte er sich Schien- und

Wadenbein gebrochen und verlor eine ganze Saison. Langsam ließ er die Krücken beiseite und wollte sich langsam wieder ins Renngeschehen wagen, ohne aber für großes Aufsehen zu sorgen. Die Gelegenheit bot sich bei einer gemütlichen Touristikfahrt Ende Juli 1996, der „Dino Ciaio", die Freunde Pantanis in dessen Heimatort Cesenatico an der Adria veranstalteten. Unter den vielen Fahrern mit allen möglichen Rädern befand sich auch ein Mädchen mit auffallender Perücke und eng anliegendem Body. Erst am Ende der Fahrt fiel die Verkleidung – vermutlich nur die Perücke –, und die Teilnehmer erkannten Pantani, den Piraten.

Sich verkleiden

Radrennfahrer sind bunte Vögel. Rennradfahrer – wir Möchtegerns – ja auch. Um echt auszusehen, ist Sich-Verkleiden unabdingbar. Man muss die richtigen Accessoires anlegen. Der Bankangestellte, der Postbeamte, der Radsport-kurios-Autor entledigen sich ihrer Kleider, schlüpfen in die Radlerhose mit Einsatz und Träger, wählen das Trikot des Tages (Mapei? Das Maglia Rosa? Ist vielleicht zu prätentiös; lieber ein neutrales), füllen die Trinkflasche, stecken sich zwei Riegel in die Trikottaschen, schalten Handy ein und stecken es sich zu, nehmen Geld und Schlüssel mit. Brille auf, Helm, schön festzurren, dann Rad nach draußen tragen. Die Rennradschuhe. Zuschließen, in die Klickpedale – und ab. Die Vorstellung kann beginnen.

XV. Das Stahlross in der Schlacht

Ein Buch über Kuriositäten im Radsport wäre unvollständig ohne Nachrichten über das Sportgerät, das den Fahrer durch die Rennen trägt. Der Fahrer liebt es, pflegt es, hegt es. Und technische Weiterentwicklungen können die entscheidenden Sekunden bringen, die zum Sieg fehlen.

Schlauchreifen über der Schulter

Früher, man sieht es auf Bildern, trugen Radrennfahrer über der Schulter einen Mantel – keinen Pelzmantel, sondern einen Ersatzmantel für ihr Laufrad. Es war eigentlich ein Schlauchreifen, also ein Mantel mit eingenähtem Schlauch. Früher verwendete man geklebte Schlauchreifen. Bei einem Defekt musste man den ganzen Reifen von der Felge trennen und einen neuen aufziehen. Abends dann – und das war so bis zum Zweiten Weltkrieg – löste der Fahrer oder sein Mechaniker die Naht des beschädigten Reifens, flickte den Schlauch mit Kleber und vernähte die Operationswunde mit Nadel und Faden.
Die Trinkflasche war vorn am Lenker befestigt, mit Schlauch zum Trinken. Und bis Ende der zwanziger Jahre des vergangenen Jahrhunderts fuhren die Rennfahrer mit „starrer Nabe". 27 Gänge – das war nicht. Es gab nur einen. Bis Tullio kam.

Campagnolo und die Schaltung

Am Anfang stand eine Niederlage. Tullio Campagnolo, junge Hoffnung des italienischen Radsports, blieb bei miserablem Wetter am Pass Croce d'Aune in den Dolomiten zurück. Es war der 11. November 1927, und die Niederlage gab ihm zu denken. Vor Campagnolo musste man anhalten und das Hinterrad umgedreht einbauen, um eine kleinere Übersetzung nutzen zu können. Oder man nahm ein anderes Rad, wenn das erlaubt war. 1930 dann wurde die „Stangenschaltung" patentiert, bevor die Parallelogramm-Schaltung – ein Hebel links für das Vorderrad, einer rechts für das hintere – eingeführt wurde. Tullio stellt 1940 seinen ersten Angestellten ein; 1950 beschäftigt er schon 123 Leute.

Der Berg und die Übersetzung

Das Rennrad hat vorne zwei Zahnräder (oder Blätter) und hinten meistens neun. Bei Flachetappen fährt der Profi manchmal 53 x 12 – vorn mit 53 Zähnen, hinten mit 12, was bei jeder Pedalumdrehung den Fahrer 9 Meter weiterbringt. Am Berg vielleicht 40 x 21, das bringt 4 Meter pro Umdrehung, oder 40 x 17 = 5 Meter. Fausto Coppi ist auch mit 34 Jahren die Berge immer mit der Übersetzung 48 x 22 hochgefahren. Das muss man mal probieren. Irgendwie herrscht das Gesetz, man müsse vorn mit dem großen Blatt fahren, das sei dann echter Radsport. Auch das muss man selbst ausprobieren, um zu sehen, wie verrückt das ist.

Das Einheitsrad

1947 machten die Tour-Organisatoren den Versuch, alle Fahrer materiell gleich zu stellen. Alle Konkurrenten mussten ein Einheitsrad französischer Bauart benützen. In einem Buch heißt es über Ferdinand Kübler, dieser und der „wider Erwarten stark fahrende Amberg" seien „durch schwere Materialschäden" arg ins Hintertreffen geraten, hätten das Etappenziel Grenoble erst nach Kontrollschluss erreicht und seien damit ausgeschieden. Da werden die Schweizer lauthals über die miserablen französischen Räder geflucht haben, die man ihnen da angedreht hatte. Zu Recht. Schon 1932 waren den Fahrern Räder aus französischer Produktion aufgezwungen worden, damit alle gleiche Bedingungen hätten.

Die „Wunder-Velos"

1968 errichteten die Italiener ihr Quartier direkt an der olympischen Radstrecke in Mexiko-City. Ihr Trainer de Costa dachte, dass sie mit kleineren Vorderrädern fahren müssten, um besser vor dem Wind geschützt zu sein: das Gegenteil der Hochräder in der Frühzeit. 1980 überraschten die Schweizer bei Olympia mit ihrem „Wunder-Velo" mit Rahmen aus Kunststofffaser und einem Lenker direkt an der Gabel. Für die Bahnrennen bevorzugte Trainer Oscar Plattner Baumwollreifen, was seinem Fahrer Dill-Bundi den Sieg eintrug. Der bedankte sich bei Plattner nach dem Finale mit einem Kuss. Auch der US-Vierer fuhr übrigens

1984 in Los Angeles mit Rädern, deren Vorderräder mit 24 Zoll kleiner waren als die hinten. Die Italiener, technisch immer vorne dran, gingen mit voll verkleideten Rädern in den Wettbewerb, und wieder war das vordere Laufrad kleiner als das hintere.

Der Lenker war ein „Kuhhornlenker“. Das war eine revolutionäre Abkehr vom nach unten gebogenen Rennradlenker, der etwa seit den zwanziger Jahren des vergangenen Jahrhunderts gefahren wird. Neu war dann erst wieder der Triathlon-Lenker oder Aero-Lenker, den Greg Lemond 1990 bei der Tour de France vorführte. Er darf nur beim Zeitfahren eingesetzt werden; ansonsten ist die Unfallgefahr zu groß. Der amerikanische Triathlet Mark Allen wurde paradoxerweise gerade durch seinen Griff nach unten an den konventionellen Lenker berühmt. Wenn er das tat und das Tempo verschärfte, konnte ihm keiner folgen. Daher gaben Allens Trainingskameraden dem sechsmaligen Sieger des Ironman Hawaii den ehrenden Namen „The Grip“.

Graeme Obrees Heldentat

Im Juli 1993 stellte der unbekannte schottische Radamateur Graeme Obree einen neuen Stundenweltrekord auf: Er verbesserte die Marke von Francesco Moser um 445 Meter auf 51,522 Kilometer. Niemand hatte je etwas von ihm gehört. Auch sein Rad, an dem sich auch Teile einer Waschmaschine befunden haben sollen, hatte einen Kuhhornlenker, über den sich der Fahrer beugte. Es war anscheinend eine aerodynamisch günstige Haltung und Obree ein „harter Hund“, der innerhalb von 24 Stunden in Hamar in Norwegen zwei Versuche unternommen hatte, den Rekord zu brechen. Sensationell. Im Jahr darauf war er in Palermo mit einem neuen Typ zu sehen, den der Weltverband UCI aber verbot, weil er angeblich zu Körperschäden führte. Man wollte den Außenseiter eben einfach nicht. Er brachte die gerade Radsportwelt durcheinander.

Chris Boardman kann es richten

Ein Jahr vor Obrees Weltrekord hatte der Brite Chris Boardman in Barcelona bei den Olympischen Spielen seinen großen Auftritt mit

einem Karbonrad von Mike Burrows, das bei Lotus angeblich für damals 750 000 Mark gebaut worden war. Damit gewann er Gold in der 4000-Meter-Einzelverfolgung. 1993 musste er sich bei der Weltmeisterschaft Graeme Obree beugen, im Jahr darauf war er wieder dran, bevor Obree erneut Weltmeister wurde.
Und, nicht zu vergessen: Sechs Tage nach Obrees Weltrekord in Hamar, es war der 23. Juli 1993, verbesserte er den Stundenweltrekord in Bordeaux wieder – auf 52,270 Kilometer. Schade. Wunder haben nicht lange Bestand. Beide Konkurrenten einte die Tatsache, dass sie Amateure waren. Und dass ein Amateur Stundenweltrekordler wird, war zuletzt Ercole Baldini aus Italien 1933 gelungen.

Der Verband griff zur Axt

Boardman schlug 1996 nochmal richtig zu und schaffte in extremer Körperposition mit ausgestreckten Armen 56,375 Kilometer. Doch vier Jahre später verwarf der Weltradsportverband UCI, der übrigens 1900 gegründet wurde, alle von 1984 bis 1996 erzielten Rekorde. Die schönen Rekorde von Francesco Moser, Obree und Boardman, Rominger und Induràin landeten in einer Schublade der Radsportgeschichte. Man griff nach der Axt zum kosmetischen Wundverband und widmete sie zu „Weltbestleistungen“ um. Die aerodynamisch schnittigen Gefährte und die waghalsigen Positionen gefielen dem konservativen Verband nicht; echte Stundenweltrekorde müssen förderhin mit konventionellen Rädern mit Diamantrahmen gefahren werden, und sogar der „Aerolenker“, wie er beim Zeitfahren verwendet wird, gilt nicht mehr.

Leichte Rennräder

In fast 140 Jahren seit dem ersten Radrennen hat sich einiges geändert. Vor allem das Gewicht sank. Nach den Michaulinen, die 50 Kilo wogen, konnte man die Räder vor rund 100 Jahren auf 20 Kilo senken. Das Gewicht sank immer weiter – bis auf 7 Kilogramm heute. Die Regeln der Tour de France sehen als Untergrenze 6,8 Kilo vor. 1997 baute Simon Joller, Redakteur der Zeitschrift *Move*, ein 5,75 Kilogramm schweres Rennrad aus den Komponenten Karbon (53 %),

Titan (12%), Aluminium (12%) und Stahl (11%) sowie 9 Prozent Gummi/Kunststoff und 3 Prozent Seidengewebe für die Reifen. Später konstruierte der Deutsche Mirko Glöckner das fahrtüchtige Rennrad *Sub 4.0*, das nur 3,89 Kilo wog. Der Karbonfaser-Rahmen hatte ein Gewicht von 873 Gramm. Hauptbestandteile waren Aluminium, Titan und Karbonfaser.

Ganz große und ganz kleine Fahrräder

Das Fahrrad ist eigentlich ein einfach Ding. Man kann es möglichst leicht machen – was noch? Doch da unterschätzt man den menschlichen Tüftlergeist. Der deutsche „Tour-Teufel" Didi Senft, von dem noch die Rede sein wird, hat 1995 ein 3,29 Meter hohes und 1,81 Meter langes Fahrrad sechs Stunden bewegt, um Kaffee für 1000 Tassen zu mahlen: laut „Guinness"-Buch die größte fahrbare Kaffeemühle der Welt. Er baute auch ein 10,29 Meter langes und 8,35 Meter hohes Dreirad, ein 8 Meter hohes und ein 7,80 Meter langes Fahrrad. Er schafft es auch, auf einem 4 Zentner schweren, 6,25 Meter langen Rad in 3 Metern Höhe vorwärts zu kommen. Die Höchstgeschwindigkeit beträgt 20 Kilometer in der Stunde, der Bremsweg 10 Meter.

„Das kleinste Fahrrad der Welt kommt aus Brandenburg", meldete eine Zeitung. Senfts Produkt hat ein Vorderrad mit einem Durchmesser von 10 Millimeter, das Hinterrad ist 13 Millimeter hoch. „Das kleinste Fahrrad der Welt kommt aus Weyhausen", meldet eine andere Zeitung. Zwei Experten für verrückte Konstruktionen – Otto Troppmann und Winfried Ruloffs – bauten einen Winzling mit 54 Millimeter Achsabstand. Der Rahmen ist 45 Millimeter hoch, der Raddurchmesser beträgt 25 Millimeter. Überlassen wir einer Jury die Entscheidung, was wirklich das kleinste Fahrrad der Welt ist. Tatsache bleibt: Man kann mit ihnen sogar fahren!

XVI. In der Hitze des Gefechts

Am Start stehen zweihundert bunt gekleidete, fröhliche junge Menschen und plaudern. Dann fahren sie mit ihren Rädern los, die Etappe beginnt – und die jungen Männer werden zu Kämpfern. Stunden später sind sie schweißbedeckt, verdreckt, der Kampf ist im Gang, und dass es dann zu Handgreiflichkeiten kommen kann, ist fast verständlich. So schreibt Tim Krabbé: „Radsport imitiert das Leben, wie es ohne den korrumpierenden Einfluss der Zivilisation wäre. Wenn man einen Feind am Boden liegen sieht, was ist dann die natürlichste Reaktion? Ihm auf die Beine zu helfen. – Im Radsport tritt man ihn tot."

Tobende Verlierer

Giovanni Gerbi, der erste italienische Champion, den alle „Diavolo Rosso" nannten, den „Roten Teufel", soll in der Arbeit einmal ein Bügeleisen nach seinem Chef geworfen haben. Den Namen hatte Gerbi bekommen, weil er so cholerisch war und gern flammend rote Kleidung trug. Als er 1905 bei der nationalen Meisterschaft über 100 Kilometer kurz vor dem Ziel gegen Cuniolo sah, dass er es nicht schaffen würde, stieg er ab, fing zu schreien an und malträtierte sein Fahrrad mit den Füßen.

Vier Jahre später stürzte Gerbi am 13. Mai 1909 zu Beginn des ersten Giro d'Italia, weil ein Geistesgestörter mit dem Ruf „Ich habe ihn, den roten Teufel, es lebe der große Teufel!" ihn vom Fahrrad hieb und damit einen Massensturz verursachte. Einer der Favoriten war der Franko-Argentinier Lucien Georges Mazan, auch genannt Petit-Breton. Auch er war gestürzt. Doch dann machte nach 400 Kilometern der Römer Dario Beni das Rennen vor Pesce, Galetti, Ganna und Trousselier. Petit-Breton ging leer aus – und drehte total durch. Er schrie und tobte, dass ihn fünf Männer halten mussten. Beim Roten Kreuz konnte der Arzt nicht einmal seinen Puls ertasten, so schnell war der. Am Tag darauf umarmte Petit-Breton seinen Freund Trousselier und reiste nach Paris zurück.

Ein anderer Heißsporn war Vito Taccone, genannt „der Steinbock der Abruzzen“, der in den fünfziger Jahren mit allen Streit anfing und mit Fäusten auf seine Gegner losging.

Franzosen gegen Schweizer

Der französische Fabrikant Gurtner hatte 1921 ein Fabrikteam aufgestellt und dafür die Schweizer Heiri und Max Suter sowie deren talentierten Landsmann Castor Notter engagiert, dazu noch den Westschweizer Reymond. Die Feuerprobe der Gurtner-Equipe fand bei einem französischen Rennen 1922 statt. Die lokalen Fahrer waren in der Wahl ihrer Mittel anscheinend nicht wählerisch, und so heißt es in einem Buch: „Gurtner aber wusste sich zu helfen. Es kam sogar vor, dass er den Revolver (!) aus der Tasche zog und aus seinem Wagen herausbrüllte, dass er jedem in die Knochen schießen werde, der es wage, Heiri Suter oder einen anderen seiner Fahrer auch nur zu berühren. … Aber die Drohung verfehlte ihre Wirkung nicht – der Konkurrenzkampf wurde von nun an mit fairen Mitteln geführt.“

Alcala gegen Stephens

Auf der Etappe über den Mont Ventoux bei der Tour de France 1994 konnte sich der Mexikaner Raul Alcala nicht zurückhalten: Er schlug dem Australier Neil Stephens mit der Faust ins Gesicht. Wir wissen nicht, was vorangegangen war. Stephens musste nach der Etappe zum Arzt, doch sein Nasenbein war zum Glück nicht gebrochen. Beide Fahrer durften das Rennen fortsetzen. Die Tour-Organisatoren ließen die Sache nach einer Versöhnung, bei der sich die Streithähne die Hände reichten, auf sich bewenden und Alcala und Stephens weiterfahren.

Aggressiv zur Weltmeisterschaft

Kurz vor dem Ziel geraten die Gegner im Spurt meist aneinander. Rolf Aldag soll einmal gesagt haben, einige junge Fahrer träten sozusagen auch gegen den Tod an. Denen sei alles außer dem Sieg egal. 1979, die Weltmeisterschaft auf der Straße in Valkenburg in den Niederlanden: Der Einheimische Jan Raas hat sich schon eine Anhöhe hinaufschieben lassen, ohne bestraft zu werden, und im Endspurt hat er den Deutschen Dietrich Thurau und den Italiener Battaglin gegen sich, der wie der sichere Sieger aussieht, als ihn Raas kurz entschlossen zu Boden stößt und Weltmeister wird. Die Italiener protestieren, doch Raas kommt ungeschoren davon.

Politik im Sport – Ärger mit den Iren

Der Start zum Mannschafts-Straßenrennen bei den Olympischen Spielen in Melbourne 1956 verzögerte sich um 15 Minuten. Die irischen Fahrer Gerrard und Paul Fitzgerald wollten partout an dem Rennen teilnehmen. Doch ihr Verband gehörte nicht der Union Cyclistes Internationale (UCI) an, also ging es nicht. Man musste die beiden mit Gewalt von der Bahn drängen. 1972 in München ein ähnliches Vorkommnis: In Grünwald am Start des Straßenrennens, das später Hennie Kuiper gewann, erschienen vier Fahrer der Irish Cycling Federation, um gegen die Teilnahme der Nordiren zu protestieren. Sie wurden verhaftet und später freigelassen.

Unruhen in Italien – dann kam Bartali

Politik und Sport – Geschichte und Radsport. In Italien herrschte noch 1948 ein geheimer Krieg zwischen Partisanen und Faschisten. Gino Bartali wollte zehn Jahre nach seinem Tour-Sieg, nun mit 34 Jahren, unbedingt in Frankreich mitmachen. Die Franzosen wiesen ihn auf sein Alter hin – Gino antwortete. Der Alte fuhr gleich in Gelb. Dann holte sich der elf Jahre jüngere Bobet das begehrte Jersey. Am Ruhetag der Tour, dem französischen Nationalfeiertag (14. Juli), trat ein sizilianischer Student in Rom auf den beliebten Kommunistenführer Palmiro Togliatti zu, als der das Parlament verließ, und feuerte auf ihn. Drei Schüsse trafen und verletzten den Politiker schwer. Die Nachricht verbreitete sich. Es gärte in Italien. Da rief der christdemokratische Regierungschef Alcide De Gasperi in Frankreich Bartali an und bat ihn, in den Alpen sein Bestes zu geben, um das Volk etwas abzulenken.

Gino war motiviert. Während es Togliatti besser ging, hängte er in den Bergen alle ab und siegte in Briançon. Am nächsten Tag über den

Croix de Fer und den Galibier lag Bartali wieder vorn und hatte das Gelbe Trikot erobert. Die Nachricht kam im italienischen Rundfunk vor dem Bulletin über Togliattis Gesundheitszustand. Der berühmte Journalist und Historiker Indro Montanelli stellte später klar: „Der Sieg Gino Bartalis in Frankreich beruhigte die Gemüter und entspannte die Lage, zog Aufmerksamkeit auf sich. Doch die Revolution wäre sicher nicht ausgebrochen." Trotzdem hatte ein Radsieg Geschichte geschrieben. De Gasperi lud Gino Bartali, der mit 26:16 Minuten die Tour 1948 vor dem Belgier Schotte gewonnen hatte, später nach Rom ein. Ob er ihm einen Wunsch erfüllen könne? Bartali, schlagfertig: „Ich will keine Steuern mehr zahlen!" Antrag abgelehnt, unter Gelächter der Umstehenden.

Rein ins Absperrgitter

Wieder ein Holländer. Die 16. Etappe der Tour de France 1983 in Saint-Etienne, Henk Lubberding und der Franzose Michel Laurent sprinten um den Sieg. Lubberding drängt seinen Gegner brutal in die Absperrgitter. Laurent brach sich bei diesem Manöver die Hand und musste das Rennen aufgeben. Er bekam den Etappensieg und die Siegprämie zugesprochen; der Niederländer indessen wurde nicht einmal disqualifiziert, sondern konnte seinem Team TI-Raleigh noch dabei helfen, die Mannschaftswertung zu gewinnen.

Prügelei nach dem Ziel

Charles Pélissier war ebenso impulsiv wie seine Brüder Henri und Francis. Bei der Tour de France 1930 rempeln sich er und der Italiener Learco Guerra vor dem Ziel, und nach dem Einlauf schlägt er auf den Italiener ein, und es kommt wie im besten Western zu einer Prügelei, die auch auf die Zuschauer überspringt.

Das „kriminelle" Repertoire

Der Belgier Freddy Maertens beherrschte ebenfalls das ganze böse Repertoire – Körperkontakt, abgespreizte Arme, Griff an die fremde Sattelstütze, was alles Klaus-Peter Thaler einmal „kriminell" nannte. Anfang der neunziger Jahre war besonders Abduschaparow der Bösewicht. Der „Terror aus Taschkent“ kannte bei Spurts keine Gnade und fuhr auch so kantig, dass man besser Abstand hielt. 1997 wurde sogar Erik Zabel bei der sechsten Etappe der Tour de France abgestraft – wegen eines Schlenkers vor seinem Konkurrenten. Man setzte ihn auf den letzten Platz.

Kriminell ist wenig beim Keirin

Beim Keirin, einer seit 2000 olympischen Sprintvariante aus Japan, ist vieles erlaubt, was auf der Straße als kriminell gälte. Keirin kommt aus Japan. Acht Fahrer rollen hinter einem „Derny“ (ein Schrittmacher-Moped) langsame Runden bis zu 1400 Meter, wobei sich die Fahrer eine günstige Position suchen. Dann, wenn die Fahrer Tempo 40 erreicht haben, macht sich das Moped beiseite und die Jagd mit 60 Sachen beginnt. Bei den Bahn-Weltmeisterschaften in Berlin 1999 stufte die Jury nachträglich sieben Fahrer zurück. Anscheinend gibt es doch Regeln. In Japan geht es da verbissen zu, denn es geht um Geld. An Totalisatoren kann man auf die Fahrer wetten. Darum sind japanische Fahrer bei Weltmeisterschaften nicht oft zu sehen. Sie kämpfen lieber in ihrem Land, da gibt es viel Geld zu verdienen.

Die Trinkflasche als Waffe

Der Radsportler hat als Waffe ja nur seine Arme. Aber vergessen wir nicht die Trinkflasche. 1997 wurde der Belgier Tom Steels ganz von der Großen Schleife ausgeschlossen, weil er im Endspurt seine Trinkflasche nach dem Franzosen Moncassin geworfen hatte.

Beim Rennen Gent-Wevelgem im April 2003 trat Mario Cipollini mit dem Trikot des Weltmeisters an. Eine Gruppe von 27 Fahrern löst sich, doch Cipollini muss abreißen lassen, ist alleine, folgt auf der Abfahrt den Führenden und stürzt. Nervös und wütend bespricht er sich mit den Leuten in seinem Mannschaftswagen, als Motorräder unbedingt vorbei wollen. Super-Mario herrscht sie an, sie mögen warten; die Motorisierten fahren trotzdem durch, und Cipollini wirft einem Motorradfahrer seine Trinkflasche drauf, als dieser überholt. Dem Italiener reicht das aber nicht, er macht sich sogleich auf die Verfolgung und schleudert dem Motorradfahrer eine weitere Flasche hinterher. Das ist eines Weltmeisters nicht würdig. Die Jury disqualifiziert ihn sofort, und fällig werden zudem 3000 Franken Strafe.

Angriff auf den Juryvorsitzenden

Den Chef der Jury sollte man nicht angreifen. Der Deutsche Dietrich „Didi“ Thurau, berühmt geworden durch seine vielen Tage im Gelben Trikot bei der Tour de France 1977, erhielt bei der Ausgabe 1985 eine Strafe aufgebrummt, weil er unerlaubt im Windschatten gefahren war. Das passte ihm nicht, und er griff den Juryvorsitzenden tätlich an. Adieu Tour de France.

Die armen Champions

Manche Fans stören sich an der Überlegenheit von Champions, die ihren Nationalstolz verletzen. Und gehen zu weit. 1975 hatte Eddy Merckx schon fünf Mal die Tour gewonnen. Seine Fahrt glich einem Spießrutenlauf; überall wurde er beschimpft und bedroht. In der Auvergne wurde er von einem Fan mit Boxhieben bedacht und bekam einen bösen Leberhaken mit, so dass er benommen die Steigung zum Puy de Dôme erklimmen musste. 1996 bei der Fahrt um s'Hertogenbosch standen die Zuschauer dicht an der Strecke, und ein Unbekannter schüttete Miguel Induràin – damals fünfmaliger Tour-de-France-Gewinner – ein Glas Bier ins Gesicht. Das war nicht als Erfrischung gemeint, denn es regnete ohnehin. Lance Armstrong musste sich 2005 während des Zeitfahrens nach Alpe d'Huez böse von deutschen Fans beschimpfen lassen, weil er ihren Liebling Jan Ullrich am Tag zuvor niedergerungen hatte.

Bartali, ein Mann der Tat

Gino Bartali, der „Alte“, hatte nichts für übertriebene Verehrung übrig und geriet auch schnell in Wut. Er mochte kein Schulterklopfen, vor allem nicht auf der Strecke, da konnte er schnell um sich schlagen. Bei der 15. Etappe des Giro d'Italia 1947 nach Pieve di Cadore radelte er neben Coppi, als ihn ein Zuschauer mit „falscher Priester“ (falso prete) beschimpfte. Coppi fuhr weiter, Bartali stieg ab, machte den Rufer aus und streckte ihn mit einem wohlgezielten Hieb zu Boden. Coppi nutzte diese Pause nicht; es war nicht sein Tag. Die Etappe entschied Bartali für sich, und Coppi musste überredet werden, weiterzumachen. Das tat er gründlich und holte sich den Giro. Im Jahr darauf erschien in einer französischen Boulevard-Wochenzeitung der Bericht „Bartalis Ohrfeige“, das ein Foto des Italieners zeigt, wie er bei der Tour de France mittels Ellenbogenchecks einen allzu aufdringlichen Fan zurückstieß. Es war klar: In Frankreich mochte man Fausto lieber.

Der Adler der Berge stößt zu

Sogar Federico Bahamontes, der „Adler der Berge“, hatte sich nicht immer in der Gewalt. Bei der Vuelta 1960 waren nur noch 38 Fahrer im Rennen. An einem Anstieg beleidigte ihn ein Zuschauer, und Bahamontes griff zur Luftpumpe und züchtigte den Mann. Das dauerte, außerdem war der Adler nicht in Form. Er kam eine Stunde nach dem Etappensieger an, war nicht mehr im Zeitlimit und gab auf.

Die Fans von Faure

Bei der zweiten Tour de France 1904 rotteten sich die Anhänger von Faure zusammen, als dieser am Col de la République im Zentralmassiv angriff. Sie griffen ihrerseits die folgenden Fahrer an. Bei Saint-Etienne mussten Polizisten sogar Fans bedrohen, die den führenden Maurice Garin niederschlagen wollten. Auch das waren die Faure-Freunde. Und als Paysan in Nimes wegen Betrugs disqualifiziert wurde, nahm der Aufruhr bedenkliche Formen an.

Politische Unruhen in Italien

In der Nachkriegszeit war Italien ein Pulverfass. Auf der 14. Etappe des Giro d’Italia von Rovigo nach Triest – am Tag vor Bartalis Faust-hieb – gab es Straßensperren und eine Schießerei bei Monfalcone. Die Etappe wurde nicht gewertet, um die Zuschauer nicht zu enttäuschen. 1949 waren Ausschreitungen italienischer Fanatiker zu verzeichnen, die Teile des französischen Südostens dem italienischen Staat einverleiben wollten. Es hagelte Wurfgeschosse auf französische Fahrer, und Lynchstimmung herrschte in Aosta.

Franzosen gegen Italiener

Während im Jahr darauf antiitalienische Berichte dazu führten, dass die Volksseele kochte. Auf dem Col d'Aspin kämpften bei der Tour de France die Teams Frankreichs, Italiens und der Schweiz gegeneinander. Bartali streifte versehentlich auf dem Col d'Aspin Robic und brachte ihn zu Fall, ein Reporter blockierte die Gasse der Fans, die sich auf Gino stürzten, um ihn mit Stöcken und Fäusten zu malträtieren. Anscheinend eine Racheaktion. Bartali entkam aber und gewann die Etappe sogar noch. Dann hatten die Italiener die Nase voll und reisten heim.

XVII. Radler, Tiere, Sensationen

Man sollte ja meinen, dass Tiere mit dem Radsport nichts zu schaffen hätten. Doch laufen viele von ihnen frei herum und nicht zu selten vor die Räder armer Sportler. Oder machen ihnen Angst.

Feld flüchtet vor Büffelherde in Feld

1911 werden in Italien die 50 Jahre der Monarchie, des „Regno d'Italia" gefeiert. Der Start ist in Rom an der „Porta Pia". Kurz vor Neapel bringt eine Horde wilder Büffel das Feld in Bewegung, und das Fahrerfeld muss sich in ein echtes Feld retten. Doch das ist erst der Anfang des Ärgers: Weiter vorn sind die Straßen unbefahrbar, also wird das Rennen in Portici angehalten. Die Fahrer kommen in Neapel zu Fuß an und werden von Beleidigungen und einem Hagel von Tomaten empfangen – vermutlich nur, weil sie aus Rom kommen, das man als Symbol der Staatsmacht hasst.

Kollision mit Hund

Zusammenstöße mit streunenden Hunden sind häufig, zumal auf dem Land. 1910 wurde Faber auf der siebten Tour-Etappe nach Nimes von einem streunenden Hund angegriffen und ernsthaft verletzt, konnte aber weiterfahren. 1912 lief ein Hund dem Alcyon-Fahrer Odiel Defraye ins Rad, welcher stürzte und aufgeben wollte. Doch sein Landsmann Firmin Lambot, obgleich für die Konkurrenz Peugeot tätig, drang in ihn, er solle weiterfahren, in der belgischen Heimat seien alle aus dem Häuschen – und dann bot er Defraye auch noch die Unterstützung aller belgischen Fahrer an. Und er hielt sein Versprechen! Auch Belgier anderer Teams fuhren fortan für Defraye, der die 1912er-Tour mit 49 Punkten vor Christophe (108) und Garrigou (140) gewann.

Kollision mit Katze

Die Katze darf im Bestiarium nicht fehlen. Sie sind bei Radrennen selten aktenkundig geworden. 1997, als Marco Pantani nach seiner langen Rennpause wegen des schweren Sturzes 1995 bei Mailand-Turin im Trikot von Mercatone Uno den Giro d'Italia fuhr, lief eine graue Katze bei der Abfahrt vom Chiunzi-Pass seinem Kollegen Puttini ins Rad. Dieser stürzte, riss drei weitere Fahrer mit, darunter Pantani. Unten nach der Abfahrt musste er mit einem Muskelriss absteigen und das Rennen aufgeben.

Kreative Kollision mit Hund

„Eines Tages", so erinnerte sich Nicholas Edward Kaufmann, der berühmte Kunstradfahrer vor der Jahrhundertwende, „lief mir ein kleiner Hund vors Rad. Rasch hob ich das Vorderrad und beförderte damit den Mops so sanft es ging aus dem Weg – mich vor einem Sturz rettend, das Tier vor Verletzungen". Die Episode spielte der amerikanische Akrobat später im „Washington Ring" seiner Heimatstadt Rochester öffentlich nach – nur fungierte ein kleiner Poloball als Stellvertreter des Hundes, und es gab einen Gegner: John Featherly. So entstand am 14. September 1883 das Radballspiel. Radball mit Zweier-Teams und Rasenradball zu je sechs Spielern wurden 1930 Weltmeisterschaftsdisziplinen. Nach langer Dominanz der Deutschen kam das tschechische Brüderpaar Jan und Jindrich Pospisil, die 21-mal den Weltmeistertitel errangen und von 1965 bis 1989 aktiv waren.

Kollision mit Esel

Bei der Tour de France 1920 gab es Grund zum Grinsen: In den Pyrenäen hatte der Franzose Paoli eine unerwünschte Begegnung mit einem Esel. Der Fahrer soll durch den Aufprall genau auf dem Rücken des Esels gelandet und von dem Tier ein Stück in die falsche Richtung transportiert worden sein. Das Fahrrad war nicht mehr fahrtauglich, also sah man Paoli, wie er zu Fuß den Tourmalet überschritt und damit auch das Zeitlimit, was das Ende bedeutete … Warum hatte er eigentlich nicht weiter dem Esel vertraut? Vielleicht wäre da eine Lücke im Regelwerk gewesen.

1935 erlitt Learco Guerra einen Armbruch beim Zusammenstoß mit einem Pferd. Und wer erinnert sich nicht an die neben dem Feld der

Tour de France laufenden Pferde, die immer für Zerstreuung sorgen?

Schlagkräftige Schwadron

Die letzte Etappe des ersten Giro d'Italia sollte besonders festlich werden – und besonders wurde sie, keine Frage. Das lag an der historischen Lanzenreiter-Schwadron „Novara", welche in Mailand die ausufernd jubelnde Menschenmenge im Zaum halten sollte. Die 49 übrig gebliebenen Fahrer jagen also aufs Ziel zu, begleitet von zwei Reihen galoppierender Landsknechte. Das muss ein schönes Bild gewesen sein. Leider möchte dann ein aufgeregtes Pferd beim Rennen mitlaufen, springt zwischen die Fahrer hinein und verursacht einen Riesensturz. Aus dem Staub und dem Gewirr erhebt sich fluchend Carlo Galetti, und Dario Beni ist auch noch intakt und rettet sich ins Ziel. Seither wurde beim Giro keine Reiterschwadron mehr gesichtet.

Rad gegen Pferd – Buffalo Bills Sohn verlor

In München schlug der damalige Radstar Josef Fischer G. F. Cody, einen Sohn Buffalo Bills, Letzterer zu Pferde. Auf der Radrennbahn des Velocipedclubs München „ritten" die beiden an drei Tagen im August 1894 insgesamt sieben Stunden gegeneinander. Am Ende hatte Fischer beachtliche 258 Kilometer geschafft, während Codys „unermessliche Leistung" (schreibt die Zeitschrift „Ueber Land und Meer") in 208 Kilometern bestand. Er verlor beim Pferdewechsel – insgesamt setzte Cody sechs Pferde ein – stets viel Zeit, und außerdem konnte er seine Pferde nicht so richtig ausgreifen lassen. In Paris, Budapest und anderen Städten besiegte er den Radfahrer. Um diesen machte sich die Zeitschrift Sorgen: „Ob Fischer durch diese Kraftproben von Wettrennen seine Gesundheit nicht zu Grunde richtet?" Die Sorge war unbegründet. Josef Fischer – derselbe, der 1893 Wien-Berlin gewonnen hatte – wurde sogar immer noch besser. 1896 gewann er das schwere Rennen Paris-Roubaix, 1900 die 594 Kilometer lange Strecke Bordeaux-Paris, wobei Maurice Garin nur vier Sekunden Rückstand hatte. Bei Garins Tour-Sieg landete Fischer nur auf Rang 15.

Der Löwe im Käfig

Inmitten der Werbekarawane beim Giro d'Italia 1954 führte die Metro-Goldwyn-Mayer einmal einen echten Löwen im Käfig mit, der von zwei Angestellten des römischen Zoos betreut wurde. Augenzeugen erklärten, das Fell des Löwen sei nicht besonders gepflegt gewesen, und überhaupt habe das Tier nicht besonders glücklich gewirkt; sicher habe man es nicht gut ernährt.

XVIII. Das Geld, die Medien, der Rummel

Gehälter, Marketing, Fernseheinnahmen – bei Radrennen geht's auch ums große Geld. Nicht erst seit wenigen Jahren. Doch gedauert hat es schon drei Jahrzehnte, bis die Wirtschaft die Radrennen als lukrative rollende Werbeveranstaltung entdeckte.

So fing es an

Schon am Anfang stand das Geld. Der Journalist (und Radfahrer) Henri Desgrange hatte die Zeitung „L'Auto" gegründet, die viel später zu „L'Équipe" wurde. Mit der Idee des Radrennens durch die Zeitung „Das Auto" wollte man den großen Rennen Paris-Brest-Paris und Bordeaux-Paris Paroli bieten, die vom „Petit Journal" respektive „Le Vélo" organisiert wurden. L'Auto wollte Auflage machen. Der Kampf zwischen Auto und Vélo (Fahrrad) erreichte Anfang 1903 seinen Höhepunkt, als ein Gericht am 16. Januar Desgrange verbot, sein Produkt Auto-Vélo zu nennen. Drei Tage später kündigte er die „Tour de France" mit den markigen Worten an, es werde das „größte Fahrradrennen der ganzen Welt" sein. Ein Prophet! Der 1892 gegründete Konkurrent „Le Vélo" verlor an Auflage, benannte sich Ende 1904 in „Le Journal de l'Automobile" um. Fliegender Wechsel. Dann ging das Blatt ein.

Giro und Tour – der Sieger sackte ein

Wir wissen vom Reglement der ersten Tour de France 1903, dass der Sieger 6075 Francs erhielt und man den Fahrern fast 100 Francs für drei Wochen Verpflegung und Unterkunft gab. Wären dafür heute 2000 Euro zu veranschlagen, wäre die Siegersumme Maurice Garins nach jetzigen Begriffen 60 000 Euro wert. Der Gewinner des ersten Giro d'Italia (1909), Luigi Ganna, bekam 5325 Lire. Da damals der Herausgeber der „Gazzetta dello Sport" und Chef des Giro, Armando Cougnet, ein Gehalt von nur 120 Lire bezog und sein Chefredakteur 150, scheint das heute eine astronomisch hohe Summe.

Statistik des Radrennsports

„Statistik des deutschen Radrennsports" hieß immer der Anhang des „Sport-Album der Radwelt" (Berlin), und das bedeutete größtenteils eine Aufstellung der eingefahrenen Siegprämien. Dem entnimmt man, dass Thaddäus Robl von 1895 bis 1905 exakt 200 657 Mark hereinfuhr und der Flieger Willy Arend 125 918 Mark im selben Zeitraum. Robl verdiente 1905 rund 27 000 Mark, und fünf weitere Fahrer lagen auch über 15 000 Mark Verdienst im Jahr. (Doch es gab auch genug Fahrer, die bei ihren Rennen nur ein paar hundert Mark einkassierten.) Zum Vergleich: Das Höchstgehalt für Lehrer wurde um 1908 auf 3000 Mark festgesetzt.

Zu wenig lukrativ

Der Schweizer Heiri Suter, der in den zwanziger Jahren alle Radklassiker gewann, ist die Tour de France nie gefahren. Er sagte einmal: „Als junger Fahrer wollte ich mich bei diesen schweren Rennen nicht aushöhlen, und später war die Tour für mich vom finanziellen Standpunkt aus nicht interessant; ich konnte bei anderen Rennen, die gewiss auch nicht leicht waren, bedeutend mehr verdienen." Champions konnten reich werden, weil sie auch Startgeld bekamen. Man wollte die Stars sehen. Coppi soll bei seinem Tod Anfang 1960 rund sieben Millionen Mark hinterlassen haben, und damals verdiente in Deutschland ein einfacher Buchhalter 500 Mark im Monat.
Doch gut möglich, dass die „Bezugslücke" zwischen Masse der Fahrer und dem Star viel kleiner war als heute. Von der spanischen Vuelta weiß man, dass der Bergkönig 1936, A. Molina, 3000 Pesetas und eine Kiste Zigarren bekam.

Los Angeles – zu weit, zu teuer

Bei den „Spielen" 1932 in Los Angeles fehlten viele gute Fahrer, weil die Anreise zu teuer war. Etwa fehlte der Sprint-Weltmeister Albert Richter aus Deutschland, weil der Bund Deutscher Radfahrer die Grundgebühr von 1000 Mark pro Fahrer nicht zahlen konnte. Zwar spendete ein Filmproduzent aus den USA 2500 Dollar, doch das Geld rissen sich andere Verbände unter den Nagel. Richter versuchte 1940, das Geld seines jüdischen Trainers im Rennradrahmen über die Grenze zu schmuggeln, wurde bei Lörrach aus dem Zug geholt und später in seiner Zelle tot aufgefunden.

Fuchs-Nivea – Anfang vom Ende für die Radfirmen

In den ersten drei Jahrzehnten der beiden größten Radrennen kam das Geld von den Fahrradfirmen, deren Verkäufe durch die Erfolge der Stars angekurbelt wurden. In Italien kündet eine Publikation vor dem Giro von der „absoluten Überlegenheit des italienischen Fahrrads vor den besten ausländischen Produkten". Doch die Tage der Präsenz der Fahrradfirmen waren gezählt. Der große Fahrer Fiorenzo Magni leitet eine Revolution ein. Erstmals taucht ein radfremder Name auf: die Firma Nivea. Das Magni-Team heißt Fuchs-Nivea. Das Rennen Paris-Roubaix will das Team nicht sehen. Am 1. April 1954 wird Gino Bartali in Frankreich mit 25 000 Francs Strafe belegt, weil er ein paar Tage vorher ein nicht zugelassenes Werbetrikot getragen hat. Und schon um 1958 sind die Radfirmen unsichtbar, und die Mannschaften heißen nur noch S. Pellegrino, Molteni, Chlorodont.

Die allegorischen Gefährte

Kurios waren in den fünfziger Jahren die Fahrzeuge, die bei den großen Rennen die Werbekarawane ausmachten. Bei der Tour de France fing das 1930 an, beim Giro d'Italia 1933. Zu Beginn glichen die Fahrzeuge eher Karnevalswagen. Die Firma „Selle Aquila" trug obenauf einen überdimensionalen Fahrradsattel mit, die Wurstfirma Sivam aus Mailand hatte auf dem Lieferwagen ein dickes Plastikschwein, das beide Vorderbeine und den Kopf auf das Dach des Fahrzeugs gebettet hatte und mit geschlossenen Augen zu dösen schien. Die Zahnpasta Chlorodont präsentierte sich mit einem Auto, das aus zwei überdimensionalen Zahnpastatuben bestand – die Verschlusskappen fungierten als die vorderen Scheinwerfer. 1956 präsentierten sich erstmals touristische Ziele mit Darstellern in historischen Kostümen, die Flugblätter und Bonbons warfen. Im Ziel wurden zur Volksbelustigung Wettbewerbe veranstaltet, bei denen etwa Kellner auf Tabletts Gläser und Flaschen über 100 Meter balancierten.

Ein langer, langer Werbespot

Radrennen ohne Fernsehen – kann man sich das noch vorstellen? Kurios. In einem italienischen Beitrag zur Fahrradgeschichte ist zu lesen: „In Abwesenheit des Fernsehens wird die Werbekarawane zu einem viertausend Kilometer und drei Wochen langen ‚Spot', der sich einer – damals unerhörten – Zuschauerschaft von Millionen Menschen darbot. Derart groß ist die Faszination des Radsports, dass tatsächlich, wenn der Giro vorbeikommt, die Schulleiter schulfrei verkünden, die Bürgermeister ihre Sitzungen absagen und Sirenen jaulen lassen, die Priester ihre Messen später ansetzen, die Majore Ausgang geben, die Frauen den Herd im Stich lassen und alle, die nichts Wichtiges zu tun haben, sich an die Straße stellen."

Totò beim Giro d'Italia

Ein denkwürdiges Spektakel war 1948 der Film „Totò beim Giro d'Italia". Der neapolitanische Komiker Antonio de Curtis, genannt Totò, war damals der große Publikumsheld. Die Geschichte: Totò will die Teilnehmerin an einem Schönheitswettbewerb heiraten, doch sie stellt als Bedingung, er müsse zuerst den Giro d'Italia gewinnen. Totò verkauft dafür seine Seele dem Teufel, der ihn nach der letzten Etappe zu Hause erwartet, um den „Deal" einzulösen. Doch die Mutter Totòs schläfert den Teufel ein und macht den Pakt ungültig, indem sie einen Sturz ihres Sohnes provoziert und dessen Seele rettet. In Italien wirkt die „Mamma" Wunder; und fast hätte sie ihn damit auch vor der „bösen" Schwiegertochter gerettet.
Vor der Kamera agierten auch die damaligen Stars, die sich zu einem denkwürdigen Chor vereinten. Ferdinand Kübler, Lousion Bobet, Coppi und Bartali, Fiorenzo Magni und als „letzter Mann" Luigi Malabrocca besangen mit Totò das Rosa Trikot – zur bekanntesten Melodie aus dem „Barbier von Sevilla": „La maglia rosa, la maglia rosa/è quella cosa che mai non riposa/chi la conquista doman la può perdere/e chi la perde può ritrovarla con facilità … oggi è di Gino/domani Coppi se la mette sul pancino …"

Die Markenteams in Frankreich

Die Konkurrenz zwischen Tour de France und Giro d'Italia war immer hart. Italienische Fahrer nahmen selten an dem berühmten Etappenrennen ihres Nachbarlandes teil, weil Italien diese gezielt schwächen wollte. Die besten Fahrer waren bei italienischen Markenteams unter Vertrag, und um einen Boykott zu verhindern, musste Tour-Chef Jacques Goddet nachgeben und 1962 Firmenmannschaften ins Rennen gehen lassen. Damals ging es auch um viel Geld. Louison Bobet soll schon 1955 Millionär geworden sein. Damals, als eine Zwei-Zimmer-Wohnung in München 95 Mark Miete kostete, gab es 20 000 Mark für den Tour-de-France-Sieg, und der Triumphator konnte bei der nachfolgenden Tournee leicht noch einmal das Zehnfache verdienen.

Bernard Tapie kauft ein

Zwanzig Jahre später war der Tarif noch gestiegen. Bernard Tapie, Tausendsassa und Firmengründer aus Südfrankreich, kaufte sich Bernard Hinault, dem er für die Jahre 1985 und 1986 3,2 Millionen Mark gab, und dann gleich noch dessen Konkurrenten Greg Lemond für ein jährliches Gehalt von einer Million Dollar.

Pflasterstein als Lohn

Manchmal kriegt man auch nur einen Stein als Preis. Doch dieser Stein ist ein ideeller Preis und wiegt in Radsportkreisen viel. Paris-Roubaix wird seit 1896 veranstaltet und heißt „Die Hölle des Nordens". Berüchtigt sind die langen Fahrten auf den „Pavés", auf Pflastersteinstraßen, die von der französischen Regierung zu diesem Zweck erhalten werden. Die Sieger bekommen traditionell einen Pflasterstein. Der Belgier Roger de Vlaeminck traf zwischen 1972 und 1977 vier Mal als Erster auf der Radrennbahn von Roubaix ein und konnte mit den Prämien schon den Grundstein zur Hofeinfahrt legen. Die erste „Hölle" wurde übrigens von Josef Fischer gewonnen, dem Kämpfer gegen die Pferde mit Buffalo Bills Sohn obendrauf.

Delgado und die Adresse

Geld anbieten für tätige Hilfe beim Rennen – das kommt vor bei Radrennen. „Perico“ alias Pedro Delgado gewann bei der Vuelta d'Espagna 1989 das letzte Zeitfahren, was seine Führung in der Gesamtwertung zementierte. Doch auf der vorletzten Etappe sah es schlecht aus für ihn. Parra griff ihn und Omar Fernández an, doch ein Delgado sichtlich in der Krise hatte Glück: Scheinbar selbstlos half ihm Iwan Iwanow aus der Patsche. Am nächsten Tag lauteten Gerüchte, Perico habe Iwanow am Start der Etappe einen Umschlag zugesteckt – wohl als Dank für die Hilfe, musste man glauben. Zu leugnen gab es nichts: Kameras hatten die Szene aufgezeichnet. Doch diesmal half sich Delgado selbst aus der Patsche. Sie seien Freunde, und er habe dem guten Iwan nur seine Adresse gegeben. Freundschaft ist etwas Schönes. Delgado gewann die Vuelta 1989.

Der Riesenzirkus Tour de France

Wenn man sich die rund 190 Fahrer denkt mit ihren 190 Rädern und dann sich dazudenkt, welcher Zirkus die Hauptakteure umgibt, dann gewinnt man den Eindruck: Vielleicht ist ein Radrennen doch eher Motorsport? Bei der Tour Anfang unseres Jahrhunderts begleiten 4500 Personen mit 2200 Fahrzeugen die Fahrer. 13 000 Gendarmen passen auf sowie 9000 weitere Polizisten, 45 Motorradpatrouillen rollen mit, 2000 Journalisten sowie 1500 Fahrer und Techniker sind anwesend. Damit entfallen auf einen Rennfahrer geschätzte 150 Funktionsträger. Ein ganz schöner Rummel. 100 Radiostationen, 555 verschiedene Medien aus den 33 Ländern, die Fahrer dabeihaben, Übertragung in 184 Länder – das sind fast alle der Welt. Die Tour de France ist nach der Fußballweltmeisterschaft und den Olympischen Spielen das drittgrößte Sportereignis auf diesem Planeten.

Belleville

Dafür zu trainieren lohnt sich. Im Jahr 2004 kam ein charmanter Zeichentrickfilm auf den Markt, der zu einem Überraschungserfolg wurde: „Das große Rennen von Belleville“ von Sylvain Chomet. In der Nachfolge von Jacques Tati, der als radelnder Postbote in „Jour de

Fete“ brillierte, wird ein dicklicher kleiner Junge durch seine strenge Großmutter, unterstützt durch einen sympathischen Hund, auf ein großes Radrennen vorbereitet. Unvergesslich die Szene, in der „Champion“ mit dem Rad eine Anhöhe mit Kopfsteinpflaster hochstrampelt, gefolgt von der unerbittlichen Großmutter, die ihn geradezu hochpeitscht.

Santiago heißt der junge Radfahrer, der sich auf die Chile-Rundfahrt vorbereitet. Nach der Erzählung von Antonio Skàrmeta drehte der deutsche Regisseur Peter Lilienthal 1987 den Film „Der Radfahrer von San Cristobàl“.

Die Tarife

Als Beispiel die Prämien der Tour de France 2002: Für das Gelbe Trikot gab es 335 391 Euro, für den Zweiten 167 195, für den Dritten 91 740. Das Grüne Trikot für den besten Sprinter war in Euro 133 126 wert, das gepunktete Bergtrikot 98 164. Der beste junge Fahrer (Weißes Trikot) strich 60 974 Euro ein, der angriffslustigste Teilnehmer 50 316. Der Sieger des kurzen Prologs erhielt 3 810 Euro, ein Zeitfahren brachte 7620. Täglich bekam ein Trikot-Träger (gelb, grün, Punkte) 305 Euro, und an die Mannschaften wurden insgesamt rund 800 000 Euro ausgeschüttet.

Maßarbeit

Für die Trikots der Mountainbike-Fahrer schreibt die UCI vor: Die Fahrer dürfen auf ihren Trikots der Führenden eigene Werbelogos anbringen, und zwar maximal drei. Auf der Vorderseite darf das Logo nicht größer als 200 Quadratzentimeter sein, ebenso auf der Rückseite; an den Außenseiten des Trikots ist eine Linie von maximal 9 Zentimeter Breite erlaubt. Werbung ist wichtig. Mancher Teamchef hat schon getobt: Wenn ich unser Logo nicht morgen oder übermorgen auf einem Siegertrikot im Fernsehen sehe, setzt’s was!

Fassa Bortolo (Zement), Quick Step (Laminat)

Die Namen der Radsportteams klingen und klangen immer rasant und wie Gedichte. Team Polti, Mapei, Mercatone Uno, Once, Banesto. Bunte Trikots, Fahrer schnell wie der Wind. Seit Anfang der sechziger Jahre finanziert die Industrie Radsportteams, da dies ein teurer Spaß ist: Fünf Millionen im Jahr braucht man schon, und ohne weitere Sponsoren kann man 10 Millionen bereithalten. Daher sind die Namen der Teams ganz unromantisch die Namen von Firmen: Mapei, das große Team der neunziger Jahre, stellt bauchemische Mittel her wie Fliesenkleber, Mörtel, Zement.

Auch Fassa Bortolo arbeitet in dieser Sparte. Quick Step fertigt Laminatböden, auch Lampre macht in Böden, Saunier Duval stellt Klimaanlagen und Heizgeräte her, Liberty Seguros ist eine spanische Versicherung, und Davitamon wenigstens hat am Rande mit Sport zu tun: Vitamine und Mineralstoffe. CSC heißt Computer Science Corporation. U. S. Postal Service und Team Telekom hatten wenigstens etwas mit dem Radsport zu tun: Unterwegs waren schnell radelnde Boten der Post und der Telekommunikation, konnte man denken. Übrigens war die französische Post immer stolz darauf, dass es im Juli genügte, auf einen Brief die Anschrift „Fahrer X, Tour de France“ zu setzen. Er würde ausgeliefert werden.

XIX. Die Frauen

Beim ersten internationalen Radrennen der Geschichte kam, wie bereits erwähnt wurde, „Miss America“ auf Platz 29 unter 34 gewerteten Fahrern. Auch im Stadtbild zeigten sich mutige Frauen mit Rad, ungeachtet ihrer weiten Röcke, die das Fortkommen gefährdeten. Die Schauspielerin Sarah Bernhardt, immer publicitybewusst, zeigte sich gern auf dem Rad. Die italienische Königin Margherita von Savoyen, eine beherzte Alpinistin, nahm bei Edoardo Bianchi Unterricht, der 1885 seine Firma gegründet hatte. Die Königin bestellte bei ihm eines der ersten Räder mit Stahlrahmen und fuhr damit im Park von Monza herum, weil sie Audienzen für langweilig hielt. Annie Londonderry fuhr 1895 mit dem Fahrrad um die Welt und legte dabei 28 000 englische Meilen zurück.

Die erste Weltmeisterschaft

Am 17. August 1896 findet schon die erste Damen-Weltmeisterschaft statt, die Hélène Duitreux aus Belgien über 2000 Meter für sich entscheidet. Sie hatte drei Jahre zuvor den Stundenweltrekord für Frauen geholt – 33 Kilometer, womit sie zwei Kilometer mehr fuhr als die Französin Saint-Sauveur. 1896 fährt sie 12 Tage lang auf der Piste und legt dabei 1156 Kilometer zurück, 40 mehr als die bisherige Rekordhalterin Blackbourne aus England. Ab 1895 gab es sogar Sechstagerennen für Frauen in England und den USA. Es kam vor, dass Frauenteams in gemischten Rennen manchmal ihre männlichen Kollegen besiegten.
Offizielle Weltmeisterschaften im Straßenradsport für Frauen gibt es wieder seit 1958. Olympisch wurden Damen-Radwettbewerbe erst 1984. In jenem Jahr – ein gutes für die Frauen – ging es auch mit der Tour de France los, die 2003 dann zum letzten Mal stattfand. Im Jahr 2001 erhielt eine Etappensiegerin 50 Euro, die Gesamtsiegerin 500 Euro.

Die Warnungen

Es fehlte vor 100 Jahren nicht an Warnungen, zumeist von männlicher Seite. Jemand behauptete, der Sattel gefährde die delikaten Genitalien

der Frau. Andere warnen, nach dem Geschlechtsverkehr nicht aufs Fahrrad zu steigen. Doktor Tissié befürchtete Fehlgeburten und Sterilität. Der Arzt Ludovic O'Followell soll sogar ein Buch des Titels „Bicyclette et organes genitaux" verfasst haben, in dem er aber der landläufigen Ansicht widerspricht, das Radfahren verschaffe den Frauen eine Form von Autoerregung und damit eine Reihe von Orgasmen.
Paolo Mantegazza warnte 1861 schon, Frauen mögen um Himmels willen nicht das Fahrrad benutzen, denn damit verletzten sie „Hygiene und Moral". Nur logisch, dass auf der Versammlung des Deutschen Radfahrer-Bundes 1885 ein Antrag nur knapp scheiterte, der Frauen die Mitgliedschaft in der Organisation mit dem Argument verweigern wollte, dadurch werde der „Charakter des Velocipedfahrens" beschädigt, „da dasselbe ein männlicher Sport ist". Noch 1910 stellte Felice Gambazzi aus dem Tessin den Frauen als fürchterliche Folgen des Radelns Herzschwäche und Tuberkulose in Aussicht.

Der Teufel im Rock

1924 befindet sich unter den Helden des Giro d'Italia zum ersten Mal eine Frau, Alfonsina Strada. Strada, also Straße, ist ein passender Name, doch sie hieß wirklich so, nachdem sie mit 14 Jahren Luigi Strada geheiratet hatte. Schon vorher wurde Alfonsina Morini – mit ihrem Mädchennamen – in ihrer Heimatgegend um Castelfranco Emilia der „Teufel im Rock" genannt. Ehemann Luigi wurde auch ihr Trainer und kaufte ihr ein 20 Kilogramm schweres Rennrad mit zwei Zahnkränzen hinten – einen für die Ebene, einen für die Berge. So eines hatte auch der damalige Held Girardengo. Die Kritiker wies Alfonsina zurecht. Sie erwähnte ihre Kolleginnen Lina Cavalieri und Alessandrina Maffi, nationale Titelträgerin von 1893 bis 1897. Ob der Sport Maffis Hinterteil, eines der schönsten Italiens, etwa deformiert habe? Nein, er sei schöner als je, sagte Alfonsina. Das habe sie einer Zeitung entnommen.

Platz 30 nach 3613 Kilometern

Alfonsina Strada hatte 1924 die Nummer 72 und schlug sich ehrenvoll. Platz 50 nach den ersten vier Etappen, dann die Windböen mit

Hagel zwischen Perugia und Bologna, die sie halb erfroren zu einem Aufenthalt bei Bauern nötigen. Als 34. und außerhalb der festgesetzten Zeit trifft sie ein, und ihr Ausschluss scheint eine klare Sache. Da tritt Giro-Chef Emilio Colombo auf sie zu und sagt: „Alfonsina, du bleibst bei uns, du hast die Kraft und hast es auch verdient, weiterzumachen. Wir zahlen für Kost und Logis und Masseur, du trittst in die Pedale." Zwar ist Alfonsina in Mailand Letzte, Platz 30 nach 3613 Kilometern, doch ihr Platz in der Geschichte ist gesichert. Sie trat mit dem Rad in Variétés auf, holte sich 1938 den Stundenweltrekord und starb 1959 mit 68 Jahren standesgemäß: durch Herzinfarkt auf einem Zweirad, allerdings einer Moto Guzzi 500.

Die Weiße Dame

Kurz darauf, am 4. Januar 1960, starb weltweit betrauert Fausto Coppi. Vermutlich hatte er sich in Afrika die Malaria geholt, was nicht erkannt wurde. In den sechs Jahren vor seinem Tod hatten die Zeitungen viel über seine Beziehung zur geheimnisvollen „Weißen Frau" geschrieben, die immer mit einem weißen Mantel zu den Rennen kam, um Fausto zu sehen. Es war Giulia Locatelli-Occhini, verheiratet mit einem Arzt. Auch Coppi war verheiratet, Scheidung gab es damals in Italien nicht, und Ehebruch war eine Straftat. Fausto wurde zu zwei Monaten Gefängnis mit Bewährung verurteilt.

Mademoiselle Vassard schaffte es

Die Französin Mademoiselle Vassard schaffte es als erste Solofrau, das über 1200 Kilometer führende Rennen Paris-Brest-Paris durchzustehen. Das war 1931, und in jenem Jahr nahmen weitere vier Frauen teil, allerdings mit je einem Mann auf dem „gemischten Tandem". 60 Jahre später, 1991, machte Nicole Chabirand die Strecke zur Küste und zurück in 59 Stunden und 42 Minuten nonstop. „Chapeau" sagt da der Franzose: alle Achtung.

Olympische Frauen

Die 1964 geborene Japanerin Seiko Hashimoto hatte als 32-Jährige schon an sieben Olympischen Spielen teilgenommen. Viermal – von

1984 bis 1994 – trat sie als Eisschnellläuferin auf, dreimal – von 1988 bis 1996 – als Radfahrerin. Die gleichaltrige französische Silbermedaillengewinnerin 1996 (Atlanta) in der 3000-Meter-Einzelverfolgung, Marion Clignet, hatte ursprünglich nichts mit Fahrrädern zu tun. Als sie mit 22 Jahren am Steuer ihres Wagens einen epileptischen Anfall erlitt, wurde ihr der Führerschein entzogen. Dann wählte sie das Mountainbike.

Frauen und Vorurteile

Bis in die sechziger Jahre hinein war es Frauen verboten, im Begleittross des Giro d'Italia mitzufahren. Die Zeitschrift „Tour" hat einmal die deutsche Radsportlerin Hanka Kupfernagel gefragt: „Warum fahren so wenige Frauen Rennrad?" Sie reagierte darauf so: „Gegenfrage: Warum kümmern sich so wenige Männer täglich um Haushalt und Kinder? Wäre das anders, hätten Frauen mehr Zeit, Rennrad zu fahren." Die vielleicht berühmteste Radfahrerin, die Französin Jeannie Longo, meinte einmal: „Es gibt immer noch Leute, denen es nicht gefällt, wenn Frauen durch Anstrengung Falten bekommen. Ich persönlich denke, dass manche Falten attraktiv sein können."

Trotzdem ist es schwer, sich gegen betuliche Urteile zu wehren, die etwa als Bildtexte sich in Bücher einschleichen. Unter einem Bild von Frau Kupfernagel ist in einem deutschen Radsport-Band aus dem Jahr 2000 zu lesen: „Radsport kann Schönheit und Anmut der Frau auf natürliche Weise zum Ausdruck bringen." Eine Seite weiter der Bildtext unter dem Bild einer Rennradlerin: „Die Frau bringt für den Radsport gute biologische Voraussetzungen mit."

Veteranin 26 Stunden auf dem Rad

Dass die Frau für den Radsport gute biologische Voraussetzungen mitbringt, kann Carmen Alicia Muñiz bestätigen. Die 62-jährige Mexikanerin fuhr Anfang Januar 2000 auf der Radrennbahn in Mexiko-City in 26 Stunden 562,5 Kilometer. Am Silvestertag um 11 Uhr war sie gestartet, am Tag darauf um 13 Uhr stieg sie vom Rad.

Länger unterwegs waren Cheryl Marek und Estelle Gray: Sie fuhren von Santa Monica in Kalifornien zur City Hall in New York – von

West nach Ost durch den Kontinent – in 10 Tagen, 22 Stunden und 48 Minuten. Als Rekordzeit hatte die Marke vom 2. Juli 1984 nicht lange Bestand, als Frauenrekord gilt sie noch.

Der Rekord vom Oktober 2001

Nur an den männlichen Vorurteilen und gönnerhaften Kommentaren gemessen ist die Zeit kurios, die die 1970 geborene Holländerin Leontien Zijlaard-van Moorsel am 1. Oktober 2003 auf der Zementbahn im 2400 Meter hoch gelegenen Olympiazentrum von Mexiko-City hinlegte: Sie fuhr in einer Stunde 46,065 Kilometer und damit fast einen Kilometer weiter als die französische Radlegende Jeannie Longo (geboren 1958) im Dezember 2000 am selben Ort. Ein fantastischer Stundenweltrekord.

Die „Chicks“ im Radsport

Die Internetseite „Cycling4you“ hat eine Rubrik namens „Chickenzone“ auf tiefrosa Hintergrund. Da erzählen Chicks ihre Erlebnisse – das sind die „Groupies“ der Radrennfahrer, die ihnen nachreisen, ihnen auflauern, Fotos machen, vielleicht auch ein „Date“ anleiern, bei dem vielleicht auch etwas mehr passiert … um mehr darüber zu erfahren, kann man ja die Beiträge lesen. Um im „Chicken-Club“ Aufnahme zu finden, gelten ein paar Regeln, etwa Paragraph 2: „Du musst in der Lage sein, mindestens 50 Profis an ihren Hintern zu erkennen.“ 5: „Du musst mindestens eine Teamsekretärin mit deinen Anfragen und Bitten an den Rand des Nervenzusammenbruchs gebracht haben.“
7: „Die Kussmädels von den Siegerehrungen müssen deinetwegen Bodyguards bekommen.“ 11: „Du musst für dein Hasi (für Nicht-Chicken: Lieblingsfahrer) mehr Spitznamen haben als für deinen Freund.“ 11b: „Beim Liebesspiel mit deinem Freund sollte es dir zumindest einmal passiert sein, dass du den Namen deines Hasis anstatt den deines Freundes leidenschaftlich gestöhnt hast.“

Chicks, 100 Jahre früher

Schrieb im Jahre 1906 eine Fahrrad-Zeitschrift: „Die Frage und Erkundigung, ob Robl verheiratet ist, gehört seit Jahren zu denjenigen

Anfragen, die am häufigsten an den Briefkasten der ‚Rad-Welt' gerichtet werden und gewissermaßen seinen eisernen Bestand bilden."
Der Münchner Profi Thaddäus Robl, seinerzeit der beliebteste deutsche Radfahrer, sah gut aus und war von 1895 bis 1904 der bestverdienende deutsche Profi neben Walter Rütt. Der „Dauerfahrer" wurde Dritter beim 600 Kilometer langen Rennen Bordeaux-Paris und errang 1900 im 24-Stunden-Fahren mit Schrittmacher die olympische Silbermedaille.

Eine vielleicht wahre erotische Geschichte

Der niederländische Autor Tim Krabbé erzählt in seinem Buch „Das Rennen" eine Geschichte, die hübsch, aber nicht bestätigt ist: „Beim Radsport ist das also alles anders. Deshalb glaube ich auch nicht an die Geschichte, die mir einmal ein trainierender Rennfahrer in den Dünen zwischen Noordwijk und Zandvoort erzählt hat. Er habe während eines Kriteriums eine Frau aufgerissen. Er entdeckte sie hinter einer Absperrung, oder sie ihn. (Ihr würde ich das glauben.) Alle hundert Sekunden flitzte er vorbei und so entfaltete sich ihre Liebe genauso schön wie eine im Zeitraffer aufgenommene Blüte, die sich öffnet. Zehn Runden lang lächelten sie sich zu, zehn Runden zwinkerten sie, sie begannen sich mit den Zungen über die Lippen zu fahren, und als sich das Rennen der entscheidenden Phase näherte, wurden ihre Gesten regelrecht frivol. Erzählt er, aber ich glaube ihm nicht, denn er ist ein sehr guter Rennfahrer. Es ist nicht möglich."
Vielleicht ist es aber doch genau so geschehen.

XX. Brüder, Väter, Opis

Ein so schöner Sport wie das Radfahren wirkt ansteckend. Nur natürlich, dass sich Brüder erst in der Familie und dann mit anderen messen. Dass der Sohn dem Vater nacheifert. Und die Opis? Sie sind für den Profisport zu alt; aber die Alten im Rennsport leisten viel, wie wir noch hören werden.

Vereinte Brüder

Die ersten Brüder, die bei olympischen Radrennen eine Medaille gewannen, waren 1906 Bruno und Max Götze aus Deutschland im Tandem. Diese Disziplin bietet sich bei einem Brüderpaar ja geradezu an. In der Vuelta 1950 waren die spanischen Brüder Emilio und Manuel Rodriguez überlegen. Damit liefen sie einem belgischen Bruderpaar den Rang ab, das 14 Jahre vorher die Vuelta 1936 dominiert hatte. Bei dieser zweiten Ausgabe des spanischen Rennens überhaupt lag Gustave vor seinem Bruder Alphonse Deloor.

Die drei Brüder Pélissier

Die Pélissiers waren die berühmtesten Brüder der Radsportgeschichte. Henri, Francis und Charles wirbelten die Szene mächtig durcheinander. Henri stieg schon früh in den Rennzirkus ein, doch erst nach mehr als zehn Jahren, 1923, gewann er seine Tour de France. Als habe er Henri Desgrange, den Tour-Direktor, Lügen strafen wollen, der einmal gesagt hatte: „Henri Pélissier kann nicht leiden, er wird die Tour nie gewinnen.“ Gemeinsam mit Francis verließen sie, nachdem sie 1924 den ersten Doping-Skandal provoziert hatten, die Tour für immer. Fünf Jahre später machte sich ihr Bruder Charles einen Namen, als er bei der Tour eine Etappe gewann, 1930 nach dem ersten Etappensieg sogar in Gelb fuhr. Charles war ein schöner Mann und von den Frauen umschwärmt. Er und Francis starben 1959, ihr Bruder Henri war schon 1935 von seiner Frau erschossen worden.

Henri hilft Francis

Das Rennen von Paris nach Tours stand unter einem schlechten Stern. Es herrschte heftiger Schneefall, so dass nach Chartres nur noch die Hälfte der Fahrer dabei war. In Chateaudun ließ es auch Henri Pélissier sein und verzog sich in ein Café an der Straße, um einen Becher Rum zu trinken. Doch bevor er sich verzog, gab er seinem Bruder Francis seinen Umhang, und der fuhr nun mit zwei schützenden Umhängen weiter, bis er kurz vor dem Ziel eine Reifenpanne hatte. Man sagt, er habe wegen seiner kalten Finger den Mantel mit den Zähnen von der Felge abgezogen und auf dieser blanken Felge außerhalb von Azay-le-Rideau an einem Anstieg wieder die Führung übernommen bis ins Ziel. Im nächsten Jahr, 1922, gewann übrigens Henri Pélissier das Rennen Paris-Tours.

Eine traurige Brüder-Geschichte

Sehr traurig und nur wenig kurios ist die Tatsache, dass die italienischen Rivalen Fausto Coppi und Gino Bartali beide ihre Lieblingsbrüder durch Unfälle bei Radrennen verloren. Vielleicht war Giulio Bartali noch stärker als sein Bruder Gino. Im Jahr des ersten Triumphs seines Bruders Gino beim Giro stürzte er bei einem Amateurrennen im Juni 1936. Es war ein harmloser Sturz, er brach sich das Schlüsselbein. Bei der Operation trat eine Blutung auf, Giulio fiel ins Koma und starb, keine 20 Jahre alt. Der immer fröhliche Serse Coppi wurde 28 Jahre alt. Er fiel bei der Piemont-Rundfahrt in Turin am 29. Juni 1951 auf den Kopf, erreichte noch gut das Hotel, duschte sich heiß und brach dann zusammen. Wenige Stunden später starb er. Der Campionissimo wollte deshalb schon mit dem Radsport aufhören und hat bis zu seinem Tod unter diesem Verlust gelitten.

Vier Bäcker-Brüder

Nach den Pélissiers wird die Brüderzahl gesteigert: vier. Das war der Fall bei den Petterssons aus Faglum in Westgotland. Vier Brüder arbeiteten in der Bäckerei des fünften, Stig – des einzigen, dem Radrennfahren nichts bedeutete. Und bei vier Brüdern bot sich das 100-

Kilometer-Mannschaftszeitfahren an. Leider war Tomas für Tokio 1964 zu jung: erst 17.
In Japan fuhren Gösta (geb. 1940), Sture (1942–1983) und Erik (geb. 1944) zusammen mit Sven Hamrin und holten Bronze. 1965 waren bei der Weltmeisterschaft nur zwei Petterssons dabei: neunter Platz. Erst 1967 war der Jüngste, der 1947 geborene Tomas, alt genug, mit ins Boot zu steigen. Gleich wurden die Brüder Weltmeister, und 1968 und 1969 verteidigten sie ihren Titel. Nur 1968 in Mexiko-City bei Olympia klappte es nicht: Sie wurden von den Holländern überrascht, die 56 Minuten vor ihnen gestartet waren. Dafür holte sich Gösta Bronze im Einzelrennen über 182 Kilometer. 1970 versuchten es die Brüder als Radprofis und ließen das Backen sein.

Sechs Suter-Brüder

Bei den Petterssons in Schweden war die Lage noch vergleichsweise übersichtlich, vergleicht man es mit den Suters aus Gränichen in der Schweiz, die sechs „Buben“ und zwei Mädchen hatten. Allenfalls Fritz Suter ließ nicht großen Enthusiasmus erkennen, doch Gottfried gewann 1908 Romanshorn-Genf, Paul und Franz gewannen 1911 das Hamburger Sechstagerennen, und am 17. August 1919 war der Suter-Ehrentag: Heiri siegte bei „Rund um Zürich“, Max in Oerlikon bei einem Bahnrennen und Paul gewann den „Preis der Nationen“. Franz Suter wurde in Paris 1914 von einem Zug überfahren. Heiri war letztlich das größte Talent und über die ganzen zwanziger Jahre hinweg ein Spitzenfahrer, der viele Klassiker gewann. Darunter war 1924 das Rennen Bordeaux-Paris.

Drei Generationen im Rennen

Zu schön die Geschichte der drei Generationen Colombo. Gabriele gewann 1996 das Rennen Mailand-Sanremo, das zum ersten Mal 1907 veranstaltet wurde, als sein Großvater vermutlich geboren wurde. Dieser war der Zimmergenosse von Alfredo Binda in fünf Jahren des Giro d'Italia in den dreißiger Jahre. Dessen Sohn und Gabrieles Vater fuhr in den sechziger Jahren bei zwei Austragungen der Tour de France für den Italiener Gianni Motta – und in den Neunzigern: der Jüngste.

Der Apfel fällt nicht weit vom Stamm

Bei der spanischen Vuelta 1995 entschied Adriano Boffi die 19. Etappe in Calatayud in Aragonien für sich. 37 Jahre zuvor, 1958 – da war Adriano noch nicht auf der Welt –, hatte sein Vater Pierino dieselbe 19. Etappe gewonnen, die damals nach Saragossa ging. Cédric Vasseur fuhr zu Beginn der Tour de France 1997 in Gelb, nachdem er bei einer der ersten Etappen 147 Kilometer solo gefahren war und 2 Minuten Vorsprung ins Ziel gerettet hatte. Sein Vater Alain hatte im Juli 1970 eine Etappe der Tour über 180 Kilometer nach Felsberg gewonnen. Väter möchten ihre Passion weitergeben. Vermutlich gibt es Dutzende Vater-Sohn-Geschichten im Rennsport – auch der Vater von Erik Zabel war Radrennfahrer: 1954 wurde er Zweiter bei Berlin-Leipzig, doch Etappensiege bei einer Rundfahrt, das ist besonders.

Im Radsportjournalismus gibt es ähnliche Phänomene. Orio Vergani war der unvergessene Chronist Fausto Coppis – sein Sohn Guido schrieb im „Corriere della Sera" am 7. Juni 1998 einen Lobgesang auf Marco Pantani, wohl an seinen Vater denkend: „Und das Herz hat entschieden: Er ist wie Fausto Coppi."

Der berühmteste Radsport-Vater

Erfreulich, aber auch hinderlich ist es, einen berühmten Vater zu haben. Und welcher Vater könnte im Radsport berühmter sein als Eddy Merckx? Als er 1972 auf dem Höhepunkt seiner Kannibalentätigkeit war, kam sein Sohn Axel zur Welt. Er wollte auch Radrennfahrer werden. Sein Name lässt aufhorchen, und seine Siegerliste wird langsam besser: Dritter der Lombardei-Rundfahrt 1996, Zweiter bei San Sebastian 1998, belgischer Meister 2000 und Sieger des Großen Preises der Wallonie 2001, Bronzemedaille im Straßenrennen bei den Olympischen Spielen in Athen 2004.

Die Alten über 30

Gino Bartali brachte das Kunststück fertig, im Abstand von zehn Jahren zweimal die Tour de France zu gewinnen (was theoretisch Jan Ullrich auch noch gelingen kann): 1938 und 1948. Beim zweiten Sieg war er 34 Jahre alt, und als 36-Jähriger triumphierte er bei Mailand-

Sanremo. Der älteste Tour-Sieger war Firmin Lambot – auch er war 1922 schon 36 Jahre und 4 Monate alt. Ebenfalls mit 36, knapp vor dem 37. Geburtstag, durchbrach Francesco Moser im Mai 1988 in Stuttgart die Schallmauer von 50 Kilometer bei seinem Stundenweltrekord.
Gilbert Duclos-Lassalle (1954 geboren) fuhr an zwei Jahren hintereinander als Erster durchs Ziel des Kopfsteinpflasterrennens Paris-Bordeaux (1992/1993), mit 37 respektive 38 Jahren. Der Niederländer Van Vliet, der radelnde Professor, holte sich 1955 mit 39 Jahren die Bronzemedaille im Sprint hinter Antonio Maspes und Oskar Plattner (Schweiz). Über 200 Meter mit fliegendem Start fuhr er Weltrekord mit 11,0 Sekunden. Mario Cipollini, 38 Jahre alt, bedauerte seinen Abschied im April 2005: „Aber ein alter Mann wie ich, der dem Radsport viel gegeben hat und von ihm viel bekommen hat, muss wissen, wann der Zeitpunkt gekommen ist, aufzuhören."

Die Alten über 40

Moser ließ nicht locker: Noch mit 43 Lebensjahren auf dem Buckel hätte er beinahe nochmal den Stundenweltrekord gebrochen. 51,840 Kilometer machte er, nur 430 Meter weniger als Graeme Obree, der 17 Jahre jünger war als Moser. Beachtlich ist auch die Teilnahme von Giovanni Gerbi – der „Rote Teufel" – am Giro d'Italia 1932 mit 47 Jahren. Es war sein letzter Giro, er kam außerhalb der Zeit an, und seine Frau wartete auf ihn mit einem Strauß roter Rosen. Apropos Frauen: Vergessen wir Jeannie Longo nicht, die im Oktober 2003, kurz vor ihrem 45. Geburtstag, noch bei einem internationalen Zeitfahren Sechste wurde.

Die Alten über 50

Die Alten über 50 fahren bei Seniorenrennen mit, sind Fernsehkommentatoren oder Sportliche Leiter oder bauen Räder. Für Profiradrennen sind sie zu alt. Die potenzielle Schnelligkeit eines 50-Jährigen beträgt nur die Hälfte der eines 20-Jährigen, und Ausdauer und Kraftausdauer liegen nur noch auf 70 bis 75 Prozent des Niveaus beim jungen Mann. Bei der ersten Tour überhaupt soll ja auch ein 50-jähriger Fahrer teilgenommen haben, doch das erwähnen wir außer Konkurrenz. Pete Penseyres fuhr auf Lightning F-40 – eine verkleidete Liegerad-„Zigarre“ – mit 53 Jahren noch 965 Kilometer in 24 Stunden: Weltrekord. (Bis Axel Fehlau kam.)

Doch was möglich ist, zeigt etwa der 75-jährige Italiener Federico Mason, der bei der Masters-Weltmeisterschaft in Österreich 40 Kilometer in 1:08,27 Stunden zurücklegt, mit einem schicken Schnitt von 35,6 Kilometer pro Stunde. Und der „eiserne Gustav“, Gustav Kilian, soll noch als 90-Jähriger jeden Tag auf dem Rennrad rund 50 Kilometer abgespult haben.

XXI. Die Fans

Die Fans rangierten bislang unter dem Kapitel über Aggressionen. Das täuscht: Die Mehrzahl ist friedlich, wenn sie nicht gerade die Gasse zu eng machen auf dem Pass, wenn sie nicht mit einer Fahne in der Hand Torero vor dem Fahrer spielen oder ihn mit kaltem Wasser übergießen.

Ein mitfühlender Fan

Das letzte Stück des Giro d'Italia 1947, noch 278 Kilometer bis nach Mailand. Es regnet wie aus Kübeln, ein kalter Wind kommt dazu. Das legendäre Schwarze Trikot Luigi Malabrocca und sein Mitfahrer Fazio klopfen in Piano di Zornasco an eine Tür und bitten, sich aufwärmen zu dürfen. Ob sie auch ein wenig Polenta wollten? fragt die Herrin des Hauses. Sie essen. Eine alte Frau – die Mutter der Chefin – sitzt am Kamin und fragt: „Was macht ihr denn auf dem Fahrrad bei diesem Wetter?" – „Sie machen den Giro d'Italia", erläutert die Jüngere. „Wäre es nicht schlauer, das mit dem Zug zu machen?", denkt die Alte laut nach. „Aber eigentlich, bei dem, was heute Zugfahren kostet ..." Dann trinken die Fahrer ihren Wein aus, werfen sich das Mäntelchen über und empfehlen sich. Die Alte sagt zum Abschied: „Ich rate euch, passt auf, fahrt langsam, dann passiert euch nichts."

Alpe d'Huez 1999 – Das misslungene Foto (1)

Millionen Fernsehzuschauer in aller Welt trauten ihren Augen nicht, als sich kurz vor dem Ziel von Alpe d'Huez im Juli 1999 ein junger Mann dem Führenden Giuseppe Guerini in den Weg stellte, um ein Foto zu machen. Jürgen Emig von der ARD damals: „Jetzt – he, was ist? – das ist ja ein Unding, das darf doch nicht wahr sein, ein Zuschauer ist ihm da in den Weg gelaufen, hilft ihm wieder auf das Rad, das darf doch nicht wahr sein, jetzt wird er wieder angeschoben, hoffentlich passiert da nicht nochmal was; das ist ja nicht zu fassen, wir sehen es nochmal in der Zeitlupenwiederholung; mitten auf der Straße stand der, versuchte ein Bild zu machen, wich in die verkehrte

Richtung aus, oder anders herum, Guerini versuchte links vorbeizugehen, dort, wo er hinspringen wollte, das ham' wir auch noch nicht gesehen bei der Tour!" Guerini ließ sich nicht beirren und gewann dennoch.

Das misslungene Foto (2)

Weniger Glück hatte Laurent Jalabert, als ein Gendarm bei der Zielankunft der Tour de France ein Foto schießen wollte und dessen Geschwindigkeit unterschätzt hatte. „Jaja" stürzte schwer ins Gitter und zog sich Gesichtsverletzungen zu. Wenn die Fahrer auf 60 Sachen beschleunigen, vor allem im Sprint, sind sie schneller da, als einem lieb ist!

Simonis Neffe hatte Verständnis

Beim Giro d'Italia 2001 gab Wladimir Belli, Dritter der Gesamtwertung, einem Zuschauer einen Faustschlag ins Gesicht. Das führte zu seinem Ausschluss aus dem Rennen. Der Verletzte war Neffe von Gilberto Simoni und hatte Belli Beleidigungen zugerufen; später gab er sogar zu, die Disqualifikation für Belli fände er eine zu harte Strafe.

Ein Missverständnis

Der arme Jens Voigt vom dänischen Team CSC wurde bei der Tour de France 2005, beim Zeitfahren nach Alpe d'Huez, ebenso beschimpft wie Lance Armstrong, vermutlich noch schlimmer. Es waren deutsche Fans, die Voigt nicht verziehen, dass er die Gruppe mit seinem Kapitän Ivan Basso und Armstrong den Berg hochgezogen und Ullrich keine Chance gelassen hatte. (Später kam er sogar noch heran und attackierte von neuem; eine denkwürdige Leistung.) Voigt sagte später in einem Interview: „Da hörte ich jedes böse Schimpfwort, das man sich vorstellen kann."

Die Leidenschaft verdunkelt dem Fan manchmal die Wahrnehmung. Jens Voigt bekommt sein Geld von CSC und muss seine Arbeit tun, und die hieß: für Basso fahren und gegen Ullrich. Befehle ausführen müssen ist nicht immer lustig. Es ist oft vorgekommen, dass in einer Mannschaft sich ein Kronprinz herauskristallisierte, der besser fuhr als der Kapitän. Er fügte sich, da er in seinen Vertrag eingebunden war (klar: Manchmal wurde die Hierarchie auch während eines Rennens von der Chefetage umgestoßen). So ging es Miguel Induràin vor seiner Glanzzeit, als er Pedro Delgado half. Jan Ullrich war womöglich 1996 schon stärker als Bjarne Riis. Wenn der Fan an seiner Arbeitsstelle nicht tut, was ihm gesagt wird, fliegt er auch raus.

Unsichtbare Fans

Am 21. Mai soll der Giro d'Italia 1949 in Palermo starten. Zwei Tage vorher tun sich die Fahrer in der Gegend um, und Giorgio Cargioli sagt zu seinem Freund Luigi Malabrocca, dem berühmten „Schwarzen Trikot": „Ich habe mit meinem Nachbarn gewettet, dass ich ins Dorf von Giuliano fahre." Malabrocca – der „Chinese", wie ihn Coppi wegen seiner asiatisch wirkenden Augen nennt – kontert: „Dir hat die sizilianische Sonne wohl das Hirn verbrannt!" Denn der Bandit Giuliano ist der berüchtigste Mafiaboss der Gegend und regiert von Montelepre aus, einem Kaff 24 Kilometer von Palermo entfernt auf einem Hügel. Die beiden fahren natürlich hin, rollen unter der heißen Sonne im Dorf über einen verlassenen Marktplatz wie durch eine Geisterstadt. Keine Seele zeigt sich.
„Montelepre ausgestorben? Niemals! Hundert Augenpaare haben euch beobachtet. Ihr seid mutig gewesen, und Mut gilt etwas in der Gegend", sagt ihnen am Abend ein Sizilianer. Als die beiden Radfahrer auf der ersten Giro-Etappe vor dem Feld Montelepre passieren, tauchen in einer Kurve ein paar Männer auf mit Umhängen und Karabinern über der Schulter. Eine Hand weist auf die Ausreißer, und ein bärtiger Mann brüllt: „Donnerwetter … Malabrocca! Zeig's ihnen!"

Ein prominenter katholischer Fan

Zum Heiligen Jahr 2000, als der Prolog des Giro d'Italia vor dem Petersdom endete, machte sich ein prominenter Fan bemerkbar: Papst Johannes Paul II. Am Tag vorher lud er die Teilnehmer zu einer Audienz. Und sagte: „Ich bin froh, euch am Vorabend des Beginns des populären Fahrradrennens empfangen zu können, das viele von euch von morgen an als Protagonisten auf den Straßen unserer Halbinsel sieht. ... Es leite und begleite euch der himmlische Schutz Marias, der ja im Besonderen der Monat Mai gewidmet ist und die ihr unter dem Titel der Madonna von Ghisallo als eigene Schutzpatronin anruft. Es möge euch auch mein Segen begleiten, den ich herzlichst euch allen hier Anwesenden erteile, den Organisatoren, allen, die an der Radsportveranstaltung teilnehmen und auch der ganzen großen Sportfamilie des Giro d'Italia."

Der prominenteste Fan ist teuflisch

Der bekannteste Radsportfan allerdings müsste dem Papst ein Dorn im Auge sein. Bei der Tour de France 1993 war es, auf der Etappe nach Andorra, als der „Teufel" Didi Senft zum ersten Mal flammend rot gekleidet, mit Hörnern auf dem Kopf und seinem Dreizack in der Hand neben Claudio Chiappucci herlief. Das muss für den italienischen Rennfahrer ein schöner Schreck gewesen sein, seinen Spitznamen „El Diablo" leibhaftig und schreiend gewissermaßen als Schutzteufel an seiner Seite zu sehen. „Ich bin ja auch ein guter Teufel!", sagte der 1952 geborene Deutsche einmal. „So zum Beispiel diese Bergetappe bei der Tour de France mit dem Marco Pantani, als er am Berg allein abgefahren ist, und ich ganz dicht hinter ihm keuchend gelaufen bin, hat man in der Schweiz in einer großen Zeitung geschrieben: ‚Der Pantani fuhr den Berg herauf, als sei der Teufel hinter seiner Seele her!'"

Der Teufel hat ein „Museum für Fahrradkuriositäten"

Senft begleitet seither die Tour. In den ersten Jahren reiste er mit einem alten „Lada" an und zeltete, doch auch er wird nun gesponsert und hat einen Chauffeur. Seine Frau betätigt sich zuweilen als Teufelsfrau. In Brandenburg besitzt Senft, wie passend, ein Museum für Fahrradkuriositäten (Lebbiner Straße 2, D-15859 Storkow) und baut selber die seltsamsten Räder der Welt – ganz kleine und ganz große, wie geschildert –, die schon Eingang ins Guinness-Buch der Rekorde gefunden haben.

Der Fahrer und die Fans

Die Radsportfreunde sind zu bewundern. Sie stellen sich oben dicht an dicht an die Straße; manche reisen im Wohnmobil schon Tage vorher an, andere fahren vier Stunden auf dem Rennrad, sich als Helden wähnend, zur Etappe, stellen sich ebenfalls an die Straße – dann sehen sie eine Menge Autos, Werbefahrzeuge, Polizeimotorräder vorbeipatrouillieren, ein Hubschrauber dröhnt, und endlich rauschen die Ausreißer vorbei, noch ehe die Fans „einundzwanzig" zählen können, und dann länger das Hauptfeld und versprengte Nachzügler. Das war's. Und zufrieden verlässt der Fan den Ort des Geschehens wieder und sieht am Abend die Zusammenfassung der Etappe im Fernsehen. Das ist echte Hingabe.

Die Fahrer lieben es ... wenn man ihnen nicht zu nahe kommt; siehe oben. Viele haben beim Vorbeifahren an der Mauer aus Menschen Gänsehaut. Gigantisch war immer der Beifall um Marco Pantani, und der englische Radrennfahrer Charly Wegelius erinnerte sich: „Der reine Lärm war unglaublich, man konnte nicht glauben, wie ihn die Leute nach vorne brüllten. Die Menschen war außer sich, als sie ihm zujubelten – und das waren erwachsene Männer und Frauen. Diese paar Kilometer werde ich mein Leben lang nicht vergessen. Ich kriege immer noch Gänsehaut, wenn ich daran denke."

XXII. Denkbare und undenkbare Radrekorde

Mit jedem Sportgerät hat der Mensch versucht, Rekorde zu erzielen, um auf einem Feld weltweit der Beste zu sein, weil das ein schönes Gefühl ist. Dabei war der Mensch immer erfindungsreich – das beweist das Guinness-Buch.

Der schnellste Radler aller Zeiten

Geschwindigkeit – darum geht es. Es ist ehrenvoll, der Schnellste zu sein. Schnellster auf dem Fahrrad ist unbestritten der Niederländer Fred Rompelberg. Er fuhr am 3. Oktober 1995 auf dem Bonneville-Salzsee in Utah (USA) 286,831 Kilometer pro Stunde. Allein diese Zahl niederzuschreiben, verursacht eine Gänsehaut. Rompelberg hing hinter einem Windschutz, den ein Aerodynamik-Ingenieur gebaut hatte, und ließ sich von einem 1000 PS starken meterlangen Chevrolet-Dragster ziehen, bis er 150 Sachen erreicht hatte. Dann wurde das Fahrrad ausgeklinkt, und im Windschatten beschleunigte er innerhalb von drei Kilometern allmählich bis auf 268 Kilometer pro Stunde. Acht Jahre hatte es gedauert, bis die Marke von 245, am selben Ort von John Howard (USA) aufgestellt, überwunden war.

Broken Bones

Der Fliegende Holländer erzählte: „1988 stürzte ich zweimal, bei Tempo 212 und 232. Ein Hubschrauber musste mich mit 24 gebrochenen Knochen ins Krankenhaus fliegen. Der Rennwagen 1988 war nicht gut. … Doch jetzt war alles perfekt. Das Wetter, der Salzsee, das Team und meine Kondition. Mit meinen 49 Jahren mache ich noch 500 Watt bei den Tests. Mein Puls beträgt 176 in ‚action' und 32 in Ruhe." Vor ihm war oft der Franzose Meiffret Rekordhalter, auch einmal mit über 200 Sachen. Dazu schrieb Tim Krabbé: „Als er diese Rekorde aufstellte, war Meiffret über sechzig Jahre alt und als Athlet bedeutungslos." Er halte diese Rekorde „nur deshalb, weil er der Einzige war, der es wagte. Es sind Rekorde im ursprünglichen Sinn des Wortes."

Mit Varna Diablo auf 130

Ohne Windschatten, also aus eigener Kraft schaffte in einem voll verkleideten Liegerad Sam Whittington aus Kanada 130,36 Kilometer in der Stunde. Sein Rad hieß „Varna Diablo", der Schauplatz war eine flache Straße bei Battle Mountain in den USA, und das alles geschah am 5. Oktober 2002 beim „World Human Powered Speed Challenge". Das ist der echte Rekord. Vorher war es Fred Markham gewesen, der mit einer ähnlichen „Zigarre" – ein „Human Powered Vehicle" (menschenbetriebenes Fahrzeug) – 1986 über 105 Kilometer in der Stunde erreichte: wie gesagt ohne Wind, ohne Schrittmacher. Drei Kilometer brauchte er, um das Tempo zu erreichen.

Schnellster Radler 1899

Ein kurzer Rückblick: Der Amerikaner Charles Minthorpe Murphy legte am 30. Juni 1899 die Meile (rund 1,6 Kilometer) in 57,8 Sekunden zurück, was einer durchschnittlichen Geschwindigkeit von 100,23 Kilometer pro Stunde entsprach. Für die damalige Zeit war das ungeheuer. Murphy fuhr hinter einem Schrittmacher her, einer Lokomotive der Long Island Railroad. Autobauer Henry Ford verlieh ihm danach den Spitznamen „Charlie-Mile-A-Minute-Murphy" („Charlie-die-Meile-in-einer-Minute-Murphy").
Drei Jahre zuvor war der Amerikaner Anderson über die Meile 95 Kilometer in der Stunde gefahren, auch er hinter einer Lok her, und zwischen den Schienen hatte man eine Holzplattenbahn ausgelegt. 1924 stand der Rekord bereits bei 133 Sachen, gefahren durch den Franzosen Gustave Ganay (hinter einem Rennwagen). Eine französische Firma hatte sogar 10 000 Goldfrancs ausgesetzt für denjenigen, der so schnell fährt, dass er mit Tragflächen mindestens 10 Meter fliegend zurücklegt. Gabriel Poulain, französischer Radsprinter, konnte den Preis neun Jahre nach dessen Vergabe in Empfang nehmen. 1921 brauchte er 50 Meter Anlauf für 12 Meter Flug.

Schnellster Radler auf Skipiste

Am schnellsten auf einer Skipiste war der Franzose Christian Taillefer. Der Mountainbike-Spezialist kam im März 1998, von einem Gletscher in Vars in Frankreich abfahrend, auf 212,139 Kilometer in der Stunde. Bei einer anderen Abfahrt fuhr der Schweizer Gilles Cruchaud am 12. Juli 2004 eine Strecke von 500 Metern nur auf dem Hinterrad seines Fahrrads. Er erreichte dabei ein durchschnittliches Tempo von 68,33 Kilometer pro Stunde. Auch nicht schlecht.

Der Stundenweltrekord

Der Stundenweltrekord auf der Bahn, von dem so viel bislang die Rede war, wird nun gehalten von dem Tschechen Ondrej Sosenka. Der 2 Meter große und 82 Kilogramm schwere Athlet fuhr am 19. Juli 2005 in Moskau in 60 Minuten 49,700 Kilometer und träumt nun von der 50er-Schallmauer. Die 56,375 Kilometer von Boardman sind Makulatur. Wie erwähnt wurden alle Rekorde von 1984 bis 1996 wegen der aerodynamischen Fahrräder und der Körperhaltungen zurückgestuft und zu „Weltbestleistungen" erklärt. Ein Schritt zurück.

Eine Million Lebenskilometer sind zu schaffen

Radprofis fahren im Schnitt 40 000 Kilometer pro Jahr, das macht bei einer 15-jährigen Karriere 600 000 Kilometer. Könnte sein, dass sie mit den Strecken als Jugendliche und im Mittelalter auf eine Million Kilometer kommen. Doch sie wollen ja siegen und zählen nicht immer mit. Ja, eine Million Lebenskilometer sind zu schaffen. Chris Davies Havant registrierte 1993 nach 44 Jahren ausdauernden Fahrens 1,1 Millionen Kilometer (687 371 Meilen), Ron Cook aus Salisbury hatte nach 47 Jahren – er starb 1978 – 1,08 Millionen Kilometer (675 575 Meilen) gemacht, Les Lowe 1,07 in 45 Jahren. Merkwürdig, alles Engländer. Vermutlich gibt es noch mehr Millionenfahrer auf der Welt.

Der in Heitersheim (Südbaden) lebende Italiener Armando Basile liegt da gut im Rennen: Er hat nach 23 Jahren schon 800 000 nachgewiesene Kilometer und ist noch jung, knapp 60. Er fährt täglich fast 200 Kilometer, ist oft auch nachts unterwegs und will im Jahr 2011 – dann 64-jährig – die Million im Kasten haben. Er könnte Havants Rekordmarke eines Tages knacken.

Die größten Radrennen der Welt

Die meisten Teilnehmer eines organisierten Fahrradrennens zu ermitteln, ist nicht einfach. Und die ganz großen Rennen sind nichts anderes als Touristikfahrten. Doch beeindruckend sind sie schon, die 45 000 Radfahrer, die am 7. Juni 1992 die Tour de l'Isle de Montréal (75 Kilometer) in Kanada gefahren haben sollen. Auch die 33 000 Teilnehmer der Cape Argus Pick'n Pay Cycle Tour (109 Kilometer) in Südafrika jedes Jahr im März – meist sind es um die 40 000 – sind nicht zu verachten. Sie brauchen an diesem Tag 120 000 Liter Wasser: drei Vierzigtonner voll. 1988 wurden am 19. Juni beim „London to Brighton Bike Ride" 31 678 Sportler gezählt.

Radeln unter Wasser

Den Bergabfahrer auf dem Hinterrad hatten wir, den fliegenden Radfahrer, und so fehlt nur noch der Unterwasserradler. Er heißt Vittorio Innocente aus Italien. Der 58-Jährige hält die meisten einschlägigen Rekorde. Am 23. Juli 2002 nahm er im Taucheranzug ein handelsübliches Mountainbike mit nach unten bis auf 52,5 Meter Tiefe. Die Reifen des Rads waren mit Wasser gefüllt, um den Auftrieb zu verringern, und zusätzlich hatte Innocente Bleigewichte angebracht. Am 4. Mai 2003 gelang ihm die weiteste Unterwasserfahrt mit dem Rad – zwei Kilometer auf dem Grund des Naviglio-Kanals in Mailand. Das dauerte 36:38,15 Minuten. Hochgerechnet auf 60 Minuten, wäre das ein Unterwasser-Stundenrekord von 3,6 Kilometern. Wir hatten schon geahnt, dass es auf dem Meeresgrund mit dem Rad nicht so gut vorwärts geht.

Radrennen unter der Erde

Im Erlebnisbergwerk Sondershausen (Thüringen) wurde erstmals 2003 ein Profirennen unter der Erde ausgetragen. Da unten herrschen konstant 27 bis 30 Grad Celsius und eine Luftfeuchtigkeit von 20 Prozent. Es werden 40 Kilometer in einer Tiefe von 680 bis 720 Metern gefahren. Es gibt spärlich ausgeleuchtete Strecken im Salz mit engen Kurven sowie Steigungen bis 20 Prozent, und es geht auch hinab zur tiefsten Stelle des Bergwerks auf 1050 Meter minus. Dies hat zu einem

Eintrag im Guinness-Buch der Rekorde geführt (in dem die Eintragung des Wortes „Guinness" als eines der am häufigsten falsch geschriebenen Worte fehlt. Zwei n, zwei s!).

Radrennen auf Erde

Mountainbike ist seit Atlanta 1996 eine olympische Sportart. Erst war es etwas für Freaks, die bei dem berühmten „Repak Downhill Race" auch über die Golden Gate Bridge in San Francisco fuhren. Die Disziplin Downhill hatte 1995 ihren Weltcup-Auftakt, und nun ist aus dem „Fun" amerikanischer Jugendlicher ernsthafte Arbeit geworden, die den Protagonisten sechsstellige Summen im Jahr einträgt. Und überall wird versucht, möglichst lange und schwierige Strecken zu finden nach dem Vorbild der australischen „Crocodile Trophy", das 1995 als das schwierigste Mountainbike-Rennen der Welt galt. Die Strecke zwischen Darwin und Cains maß 2556 Kilometer, aufgeteilt in Etappen zu je 150 Kilometer. Start war im „Kakadu National Park", und es ging über staubige Buschstraßen, durch tropischen Regenwald und durch Flüsse hindurch, wo auch Krokodile lauern konnten. Sie bekamen aber keinen Fahrer zu fassen. Es gewann nach 17 Etappen der Österreicher Harold Maier vor dem Belgier Rudy De Bic.

Radquer

„Vor kurzem hat auf der bekannten Radrennbahn im Sportpark Friedenau bei Berlin … ein sehr originelles Hindernißrennen stattgefunden, das insofern einen sehr fesselnden Verlauf nahm, als 26 tüchtige Fahrer dasselbe bestritten", schrieb am 3. Juli 1902 die „Illustrirte Zeitung". Die Rennbahn hatte „500 Mtr. Umfang und mußte sechsmal umkreist werden; es waren also 3000 Mtr. Distanz zurückzulegen. Die Hindernisse waren innerhalb der Bahn auf dem Rasen und auf dem Cement der Bahn selbst angebracht, die letztgenannten aber so angelegt, daß zu gewissen Zeiten die Radler an ihnen vorbeifahren konnten. An den Hindernissen hatten sich Posten aufgestellt, die kleine Flaggen in die Höhe hielten, wenn die Hindernisse zu nehmen waren, sie aber senkten, wenn die Fahrer die Hindernisse unbeachtet lassen."

Auch heute ist die Distanz beim Querfeldeinrennen (oder „Radquer", wie der Schweizer sagt) 3000 Meter. Die Saison ist von Oktober bis Februar, darum kommen die Fahrer nach ihrem Parcours durch Wald und Flur meist völlig schlammbespritzt ins Ziel. Allerdings machen die Mountainbiker dasselbe, was diese Sportart in den Hintergrund rücken ließ.

Hochrad und Stehrad

Kehren wir zum Abschluss zu den Anfängen zurück und zum Gegenteil des Fahrradfahrens, bei dem man keinen Meter vorwärts kommt. Dieter Dölling aus Hannover stellte im August 2005 einen neuen Stundenweltrekord im Hochradfahren auf. Beim Bundesradsporttreffen legte der 52-Jährige über 32 Kilometer in luftiger Höhe zurück und bewies damit, dass das Hochrad noch nicht zum alten Eisen gehört. Und der 54 Jahre alte Schweizer Walter Blättler fuhr im März 2006 in Ebikon auf der Rolle 100,4 Kilometer virtuell in der Stunde: Weltrekord. Vorher hatte ihm ein Schweizer Arzt schriftlich bestätigt, es bestünden „keine medizinischen Vorbehalte gegen Ihren Rekordversuch". So viel zum alten Eisen. Nach dem „Spinning"-Rekord will sich der Schweizer im Jahr 2007 auch auf die freie Wildbahn wagen und das „Race Across America" bestreiten. Das ist Radsport.

Dank an:

- Cauderay, François (Rehetobel/Schweiz)
- Laue, Ralf (Leipzig)
- Krämer, Helmut (Gröbenzell)

Hinweis:

Das Buch „Weltrekorde kurios“ von Ralf Laue (Bombus-Verlag) erwähnt auch Radrekorde. Seiner Internetseite www.rekordbuch.de können kuriose Fahrradrekorde und dementsprechende Versuche gemeldet werden.

Quellen:

Zeitschriften:

- Sport-Album der Radwelt (Berlin), 2.–4. Jg. (1904–1906), 11. Jg. (1913)

Internet-Seiten:

- www.cycling4you.com
- www.memoire-du-cyclisme.net
- www.letour.fr
- www.gazzetta.it
- www.todociclismo.com

Bücher:

- Blickensdörfer, Hans: Tour de France. Stuttgart 1963
- Boßhardt, Walter, Eggenberger, Henry: Rennfahrer-Schicksale. Zürich 1950
- Conti, Beppe: Ciclismo – gloria e tragedie. Mailand 2006
- Evans, Jeremy: Guinness Cycling Facts & Feats, Guinness World Records, 1996
- Garcia Sanchez, Javier: El Alpe d'Huez. Madrid 1994
- Kluge, Volker: Olympische Sommerspiele, Die Chronik, 4 Bände, Berlin
- Krabbé, Tim: Das Rennen. Leipzig 2006
- Lessing, Hans-Erhard (Hg.): Ich fahr' so gerne Rad ... München 2002

- Marchesini, Mazzi, Spada: Pàlmer, borraccia e via! Portogruaro 2001
- Ronchi, Manuela, Josti, Gianfranco: Der Pirat – Marco Pantani, Bombus Verlag, München, 2006